改變世界

藝文人物篇

25個影響歷史文明的

名人大事

作者・**胡川安**

插畫・張容容

時報出版

作者序

豐富人類歷史中的文化底蘊

讓夢想成為現實中的美好

25 個提高文化素養與豐富生活的的關鍵人物

你 喜歡聽故事嗎？或許，有些人覺得歷史故事太遙遠，但是這些事雖然發生在過去，但其實跟現代息息相關，我們可以透過瞭解關鍵人物與世界發展，看到他們在不同的時間、地點和文化中，對整個歷史長流產生重大影響。這些人不但發揮自己的能力，感動當時的人們，也轉動了歷史巨輪，讓現代變得不一樣。

你知道偉大的畫家，同時也可能是個科學家嗎？聽不見的人也能譜寫出流傳後世的偉大交響樂嗎？台灣文學之母到了 20 多歲才開始學中文，又怎麼取得如此偉大的文學成就的？你知道偉大的作家，同時也是個長跑選手嗎？哪個單親媽媽可以翻轉人生，成為全世界

最富有的作家?

　　過去,多數給讀者的世界史作品,偏重從年代、事件和空間看待歷史,著重各年代的地理和空間的差別,卻很少著墨人物的影響力。然而,歷史是由人所組成,世界正是透過人類的種種決定,才會有所演進,並且產生交互的影響力。

　　從古至今有許多藝術家為了自己的創作,即使遭遇困難也勇往直前,甚至自己的兒子過世,或是遇到無理的阻攔仍然不放棄。有些則是為了藝術和文學作品流亡海外、離鄉背井,仍然創作不墜。而有些人為了讓夢想成真,克服困難之境,促進了人類知識發展,透過電影、

小說和服裝，創造出夢想的高度。今天我們的文化如此豐富，從繪畫、音樂、小說、歷史到電影，每個創作者透過敏銳的觀察力、堅持的精神，讓原本不可能的事情變得可能。

　　「改變世界：25 個影響歷史文明的名人大事」系列的《藝文人物篇》中，你可以看到 25 個影響世界的關鍵人物，透過他們從小到大的生活環境，不但可以窺見這些人的人格特質養成，文中穿插的趣味故事與歷史知識點，更能完整瞭解他們的人生。例如：為了將人的形象畫好，達文西不只解剖人，還解剖各種動物；永遠的巨星鄧麗君曾經在世界知名學府學習日文、生物和數學；日本知名藝術家草間彌生 9 歲的時候，其實就開始

產生幻覺，卻反而成為日後的創作靈感；電影大師李安竟然在大學聯考的時候，落榜好多次。

　　我衷心希望這 25 位影響世界的關鍵人物，能讓大家從他們創新的思維、執著的態度，還有偉大的心靈，豐富大家對於世界歷史的認識。希望他們的生命故事，可以激發人們的人生志向和擴大未來職涯的選擇。

國立中央大學中文系
助理教授　胡川安

CHAPTER 1
豐富人類歷史中
的文化底蘊

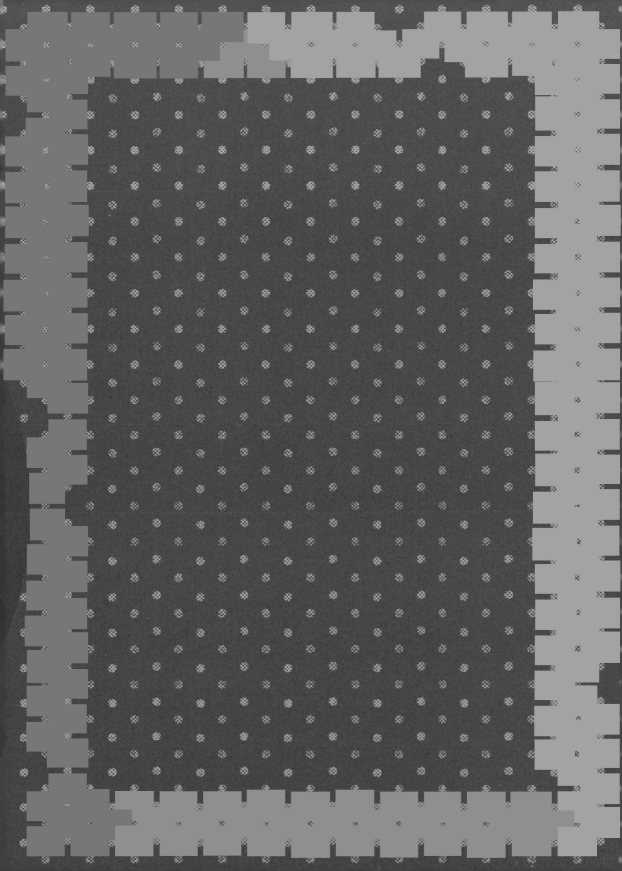

達文西

李奧納多·迪·塞皮耶羅·達文西

尋求萬事背後真理的藝術家

profile

國籍➔佛羅倫斯共和國

身分➔藝術家

生日➔西元1452年4月15日

卒年➔西元1519年5月2日

大家即使沒有去過巴黎的羅浮宮，也聽過一幅很有名的畫作《蒙娜麗莎的微笑》，這幅畫堪稱藝術史上的傑作，作者達文西除了是著名畫家，也是個全方位的知識分子，瞭解建築、數學、動物學、天文學、光學、醫學……等各式各樣學問，也是個發明家。

出生在西元 15 世紀末期的義大利佛羅倫斯的達文西，父親是個法律公證員，家庭狀況不錯。關於達文西小時候的紀錄並不多，但可以知道他沒有接受過正式教育，當時有教養的人都要學拉丁語、數學和幾何，而這些知識都是達文西後來透過自學，精進自己的知識而得。

從達文西所留下來大量筆記與繪畫來看，可以發現他對於各種不同知識都相當感興趣而且著迷。他曾經師從畫家安德烈·德爾·委羅基奧，是一個擅長人像繪畫的藝術家，而且要求所有學生都要學習解剖學，才能將人的形象畫好。達文西因此到醫院學習解剖，掌握到人的肌肉線條，繪製了大量解剖原理的書。達文西不僅解剖人，也解剖了不同的動物加以比較。

> **經驗不會犯錯。只有過於依賴經驗，才會判斷錯誤。**

　　除了對於人類的線條感興趣，達文西對於機械和工程也很著迷。由於曾經解剖鳥類，對飛行產生興趣，所以達文西設計過很多飛機。雖然都飛不起來，但都可以反映達文西對知識的熱衷。而且，他還曾經擔任工程師，負責軍事器具的設計，製造過很多相關的工具。

　　達文西身處的時代剛好是一個轉變的年代，義大利位在地中海的中間，透過經商讓很多人致富。當時的有錢人或貴族，會聘請畫家或有學問的人到家裡。達文西受聘在不同的貴族與國王間，幫他們作畫，或者擔任工程師，還有設計建築，從義大利到法國都相當活躍。

　　達文西最著名的畫作《蒙娜麗莎的微笑》，畫作中的主角是佛羅倫斯當地富商的夫人。這幅畫的微笑十分有趣，呈現出似笑非笑的樣子，而且有人覺得微笑有天

達文西作品《維特魯威人》

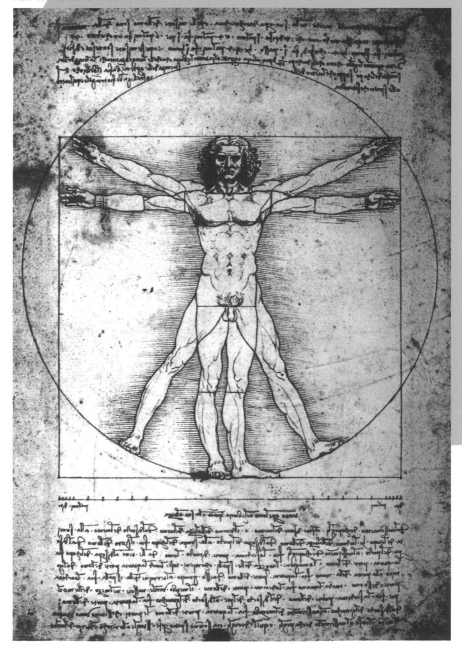

真的感覺、有些覺得悲傷。畫作中女主角的眼神也十分特別，不論以哪個角度觀賞，感覺都會看著觀者，十分栩栩如生。為了呈現這幅傑作，達文西畫了 4 年才完成。

除此之外，掛在米蘭天主教堂上的《最後的晚餐》，經常被視為文藝復興畫作的極盛時期。達文西運用透視的原理，讓觀賞者在教堂中觀看的時候，畫面隨著房間會自然延伸。

雖然看似多才多藝，但是達文西藝術的核心就是自然。他說：「以人類智慧發明的各種機器，即使作用相

達文西作品《最後的晚餐》，西元 1495-97（壁畫）（修復後）

同，也不可能比自然的（發明）更美麗、更簡單、更貼切；因為大自然中沒有什麼是缺少的，也沒有什麼是多餘的。」

　　從藝術的創作、人體的解剖、工具的發明，達文西都想呈現自然背後的原理，找到萬事萬物背後的真理和真相，是人類藝術史上的巨擘。

學習知識＋ PLUS

文藝復興

文藝復興（Renaissance）形成於 14-15 世紀中葉的義大利，當時歐洲貿易、商業繁榮與城市資本主義商業興起，造成中產階級興起與城市生活發生變化，因此產生這個以人文主義為核心的新文化運動。

這個運動建立在對神的批判和對人類自身的認識基礎所孕育出來的新世界觀與人生觀，反對中世紀的禁欲主義和宗教觀，也是繪畫、雕塑、詩歌、小說、戲劇極為繁盛的時期，藝術上有知名的達文西、拉斐爾、米開朗基羅等人；文學代表人物有莎士比亞及塞凡提斯等人。

William Sha

莎士比亞

威廉・莎士比亞

西方世界最偉大的戲劇家

profile

國籍➡大英帝國

身分➡文學家

生日➡西元1564年4月26日（受洗

卒年➡西元1616年4月23日

並不是所有人都聽過莎士比亞，但大部分人應該都知道《羅密歐與茱麗葉》，兩個情人因為家族之間的仇恨，最後只能殉情的故事，這部戲劇來自西方文學史上最偉大的戲劇家 —— 威廉‧莎士比亞。除了《羅密歐與茱麗葉》，莎士比亞創造了三十八部戲劇，還有大量詩歌。

西元 16 世紀中葉出生於英國的莎士比亞，父親是手套商人，母親的家庭也是富裕的地主，後來父親更擔任當地市長。出生富裕家庭的莎士比亞後來進入了拉特福文法學校，學習記錄西方經典的拉丁文和古希臘語，後來這些傳統經典中的元素也在他的作品中顯露出來。

本來要進入大學進修的莎士比亞，在 18 歲時與 26 歲的安妮交往，由於安妮懷孕，兩人走入了婚姻，後來又生了一對雙胞胎。30 歲的莎士比亞到了倫敦，在倫敦的劇場中逐漸有了名氣。透過英國歷史的題材，莎士比亞的《亨利六世》用緊湊的劇情，完成史詩般的戲劇。

在倫敦成名後，莎士比亞成為劇團的合夥人，讓他有比較穩定的收入來源，可以更加專心從事戲劇創作，這時候的他相當受歡迎，還到宮廷中表演戲劇給伊莉莎白女皇觀賞。

然而，莎士比亞的人生也不是一帆風順，11 歲的兒子後來不知道什麼原因過世，劇團的經營也陷入危機。只是莎士比亞並不氣餒，將劇團搬到了別的地方重起爐灶。

人生經歷了一些困頓之後，莎士比亞的戲劇更加具有哲學和悲劇的高度，知名的戲劇《哈姆雷特》花了很久的時間構思，在西元 1600 年搬上了舞台。故事的情節是丹麥王子哈姆雷特知道父親過世的消息，但叔叔繼承了王位，還娶了哈姆雷特的媽媽。但是國王的鬼魂一直

"黑夜無論怎樣悠長，白晝總會到來。"

莎士比亞畫像。

託夢給哈姆雷特，希望他幫忙報殺父之仇。

　　哈姆雷特是否要殺了自己的叔叔？但媽媽在這場謀殺中是什麼角色？細緻的人物刻劃，還有人物的掙扎，讓這部戲劇成為西方的經典。

　　接著莎士比亞又推出了《奧賽羅》，以戰功彪炳的

奧賽羅將軍為主角，由於他提拔了卡西歐，讓伊阿古懷恨在心，設計讓奧賽羅懷疑妻子與卡西歐之間有不倫的戀情。奧賽羅在伊阿古的操弄下，殺了妻子，後來發現一切都是計謀，傷心的自殺而死。

　　莎士比亞的戲劇充滿了人性當中的權謀巧計和愛恨情仇，很受當時的人歡迎。後來英國國王將他的公司納入保護，使他們可以在宮廷當中演出。莎士比亞後來的知名作品《李爾王》和《馬克白》都是這時候的作品，用戲劇反映了當時政治的現實。

　　由於留下的資料很少，我們很難知道莎士比亞的晚年生活，但可以知道在 50 歲左右，他的身體狀況已經不是很好，後來因為疾病過世，留下了大量偉大作品給後代的人們。莎士比亞很多作品不停的改編、翻拍，仍然影響著現代的電影和文學作品。

莎士比亞四大悲劇與探討的主題

1. 《奧賽羅》與嫉妒

2. 《李爾王》與毀面性自戀

3. 《哈姆雷特》與猶疑

4. 《馬克白》與野心

The Shakespeare Tragedies

THE Tragicall Historie of HAMLET Prince of Denmarke
First Quarto Edition 1603

Mr. WILLIAM SHAKESPEARES COMEDIES, HISTORIES, & TRAGEDIES Published according to the True Originall Copies.
The First Folio Edition with a Portait of Shakespeare by Martin Droeshout
Published Posthumously 1623

M. William Shak-speare: King Lear
King Lear First Quarto Edition 1608

THE Tragœdy of Othello, The Moore of Venice.
First Quarto Edition 1622

THE TRAGEDIE OF MACBETH
First Page of Macbeth in the first Folio Edition

Ludwig van

貝多芬
路德維希・范・貝多芬

意志力堅強的音樂創作者

profile

國籍➡奧地利帝國
身分➡音樂家
生日➡西元1770年12月16日
卒年➡西元1827年3月26日

Beethoven

聽不見的人有可能譜寫交響樂嗎？是否他更能知道聲音的美妙，進而將腦中的音符傳遞給大家呢？西方音樂史上的天才貝多芬長期患有耳疾，卻用一首首激昂的樂曲鼓舞聽眾的心靈。

西元 1770 年出生於波昂的貝多芬，父親約翰在唱詩班當中擔任男高音，母親瑪莉亞是宮廷御廚的女兒。貝多芬小時候家庭經濟狀況不錯，童年生活過得順遂，只是後來父親有酗酒的習慣，加上脾氣暴躁，而母親身體羸弱，使得家境陷入困難。

父親當時聽到 6 歲的莫札特會作曲，就希望家裡也有一個小天才。然而，暴躁的父親只要貝多芬有一個音符彈錯，就會毒打他。由於父親沒有能力教導貝多芬，他後來跟隨其他老師，幸好他們都看到貝多芬的才華，努力讓他更上一層樓。

貝多芬長大之後，覺得有必要到別處尋找更優秀的老師，他曾經拜訪莫札特，也到海頓的門下學習。22 歲

的時候貝多芬到了音樂之都維也納，希望自己的才華能夠被音樂界所欣賞。

　　剛到維也納的貝多芬相當窮困，生活拮据，只能住在地下室。漸漸地，他有一些表演的機會，獲得了賞識。

後來他有機會在布拉格和布達佩斯演出，透過創作，他發展出了自己的風格。西元 1801 年完成的《月光》，展示了不一樣的風格，獻給他「永恆的愛人」。

　　然而，此時的他就已經開始有耳疾問題，情

貝多芬紀念碑位於捷克卡羅維發利南部的斯洛文斯卡街。

> **凡領悟音樂的，
> 便能從一切煩惱中超脫出來。**

緒陷入低潮，但仍然持續創作。在貝多芬的時代，正是歐洲大陸從傳統君主制度走向民主的過程，法國大革命讓貝多芬十分激動，認為人類迎來了新世代。貝多芬在西元 1804 年完成了《第三號交響曲》，本來想要獻給當時法國人氣很旺的拿破崙。但後來拿破崙稱帝，破壞了民主制度，讓貝多芬失望地將這首曲子獻給了一位理想中的「英雄」。

　　貝多芬的音樂不再是獻給貴族和諸侯，他想透過音樂展現他當時的理想和世界觀，精神內涵比起以往的音樂更加豐富。從西元 1804 年之後的 10 多年，貝多芬進入了音樂創作的高峰，創作了《華德斯坦》、《熱情》奏鳴曲，還有著名的《D 大調小提琴協奏曲》。

在西元 1808 年貝多芬在維亞納河畔劇院舉辦了一場四小時的音樂會，開場的是《田園交響曲》，接著則是世界知名的《命運交響曲》。由於貝多芬的耳疾問題日益嚴重，他在前一年寫信給醫師朋友說道：「我要向我的命運挑戰。」用激情、憤怒的音調表達出對於生命的期望。

晚年由於疾病的關係，貝多芬很少出席演出活動，但仍然持續創作，在晚年的時候完成了《第九號交響曲》，也是後來為人所熟知的《合唱交響曲》。歡快的樂風完全不像是在病痛中書寫出來的曲調。

貝多芬在西元 1827 年過世，根據他的朋友說，過世的時候，貝多芬向空中伸出右拳，展現出驚人的意志力。他的葬禮，有一萬多名維也納的市民一起跟他走向人生的最後一哩路，一代音樂巨匠精神與作品也永恆流傳於世上。

貝多芬與他所創作的交響曲

標題、調性	作曲時間	題獻
C 小調交響曲	西元 1780 年代末期	
C 大調交響曲	約西元 1795-97 年間	
C 大調 第 1 號交響曲	西元 1799-1800 年	斯維頓男爵（Freiherr Gottfried van Swieten）
D 大調 第 2 號交響曲	西元 1801-1802 年	里希諾夫斯基親王（Fürst Karl von Lichnowsky）
E♭大調 第 3 號交響曲 《英雄》	西元 1803-1804 年	洛布科維茨親王（Fürst Franz Joseph von Lobkowitz）
B♭大調 第 4 號交響曲	西元 1806 年	歐珀斯多夫伯爵（Graf Franz von Oppersdorff）
C 小調 第 5 號交響曲	西元 1807-1808 年	洛布科維茨親王、拉祖莫夫斯基伯爵（Graf Andrey Razumovsky）
F 大調 第 6 號交響曲 《田園》	西元 1808 年	洛布科維茨親王、拉祖莫夫斯基伯爵（Graf Andrey Razumovsky）
A 大調 第 7 號交響曲	西元 1811-1812 年	弗里斯伯爵（Graf Moritz von Fries）
F 大調 第 8 號交響曲	西元 1812 年	莫里茲・西萊斯伯爵（Count Moritz Fries）
D 小調 第 9 號交響曲	西元 1823-1824 年	普魯士國王威廉一世（Friedrich Wilhelm I）

普契尼

賈科莫・普契尼

揚名世界的傳奇歌劇作曲家

profile

國籍➡托斯卡尼大公國
身分➡音樂家
生日➡西元1858年12月22日
卒年➡西元1924年11月29日

歌劇結合了音樂與戲劇，是義大利很重要的文化表演形式。很多我們耳熟能詳的《杜蘭朵公主》、《蝴蝶夫人》和《波希米亞人》都出自傳奇作曲家普契尼之手。

西元 1858 年普契尼出生在義大利半島的托斯卡納盧卡的音樂世家，從小在音樂的薰陶中，5 歲的普契尼被送去學音樂，但老師並不看好他。然而，小時候的挫折並沒有讓他失去對音樂的興趣，10 歲的時候他開始在唱詩班當歌童，14 歲的時候則在教堂擔任管風琴歌手。

由於歌劇結合了音樂與戲劇，集合不同藝術的專業，難度很高。普契尼在聽到著名的歌劇作曲家威爾第的《阿伊達》，大為感動，決定成為歌劇的作曲家。22 歲的普契尼進入米蘭音樂學院讀書，跟著知名的作曲家學習。

有天分的普契尼在 21 歲的時候創作了《安魂曲》，透過管弦樂的編曲和戲劇的張力，讓這部作品更適合在舞台上表演，後來大家更把普契尼與已經知名的威爾第

美國女高音法拉於西元 1907 年飾演蝴蝶夫人。

《安魂曲》來做比較，開始看到年輕的普契尼的天分。

　　畢業後的普契尼持續創作，而且積極地參加競賽，但不是所有作品都可以獲得評審的讚賞。30 歲以後的普契尼開始住在一個風景優美的小鎮——托瑞德拉古，這個時候普契尼的創作越來越成熟，很多知名的作品都在這個時候完成，像是《波希米亞人》。

> **希望是支撐着世界的柱子。**
> **希望是一個醒着的人的美夢。**

《波希米亞人》的劇情以西元 19 世紀前半的法國巴黎為場景，一群窮困的藝術家租了一層公寓。雖然辛苦，但他們認真感受生活，並且體會愛情的酸甜苦澀。透過情節的設計，還有場景的調度，讓整部戲劇成為歌劇史上的經典。

然而，私底下的普契尼卻是一個喜歡飆車的人，有一次差點讓他喪命，斷了一隻腿。在忍受腿傷的同時，他創作了《蝴蝶夫人》。內容是一位美國軍官與日本藝妓的愛情故事，裡面充滿了異國戀情的浪漫情懷，還有不倫戀情的悲劇。透過普契尼的創作，讓這部作品成為傳誦世界的作品。

私底下的普契尼有菸癮，這也讓他有喉嚨痛的毛病，

後來甚至還罹患了咽喉癌，前往比利時布魯塞爾治療的普契尼於西元 1924 年過世。過世時，他的作品《杜蘭朵公主》還沒完成，最後一幕甚至是假手他人，才完成這部歌劇。

《杜蘭朵公主》在西元 1926 年公演，故事內容以蒙古統治下的北京為背景，美麗的杜蘭朵公主公開徵婚，但所有來徵婚的人都必須回答她的三個問題。如果所有問題都答對，杜蘭朵公主就會答應結婚，但只要答錯其中一題，就要斬首示眾。

故事的情節緊湊，而且最後回到人類最核心關懷的問題——愛情，讓所有人都對普契尼的作品玩味再三。普契尼將歌劇的形式加入了新的情節，具有豐富的意涵，還有華麗的舞台設計，搭配戲劇的藝術，讓義大利的歌劇藝術走向新時代。

《公主徹夜未眠》

這是《杜蘭朵公主》裡由男主角卡拉夫王子演唱的部分，也是這齣歌劇中最知名的部分。《杜蘭朵公主》是普契尼最後一部歌劇，劇本改編自義大利劇作家卡洛・戈齊（Carlo Gozzi）的創作。

去世後由法蘭科・阿爾法諾（Franco Alfano）根據普契尼草稿完成。首演由該托斯卡尼尼（Arturo Toscanini）擔任指揮，於米蘭斯卡拉歌劇院首演，歌劇中，甚至還採用了部分民歌《茉莉花》的曲調。

而《公主徹夜未眠》（Nessun dorma）是杜蘭朵公主要全城徹夜不睡覺，在天亮前替她尋找王子提出的謎題：王子的名字，如果無法查出，則全城百姓都必須受死。歌曲原意「不讓人入睡」，中譯是「公主徹夜未眠」。

Ernest Mille

海明威

歐內斯特‧米勒‧海明威

刻劃戰爭人性與社會溫情的文學家

profile

國籍➡美利堅合眾國
　　　（美國）
身分➡文學家
生日➡西元1899年7月21日
卒年➡西元1961年7月2日

Hemingway

如　果要從 20 世紀的文學家中找出前五名，海明威一定會在其中。他深刻地刻劃了戰爭、人性與社會間的互動。然而，深刻的文學心靈也是敏感和痛苦的。出生於西元 1899 年的海明威，家庭狀況還不錯，父親是內科醫生，他則喜歡打獵和收集標本。

海明威的母親則對音樂很有天分，歌聲十分悅耳。小時候的海明威在美國密西根的山林和農場中度過，喜歡聽不同的故事，而且會模仿故事中的人物，隨心所欲地在情節中遨遊。母親本來期待海明威在音樂上發展，但他比較喜歡大自然。

對於文字的敏銳度，讓海明威在國中的時候就幫當地的報社撰寫文章，到了高中後，開始編輯校刊，並且用筆名在報紙上發表。中學畢業後，父親希望海明威進入大學深造，但他比較想要當記者，而且當時正值第一次世界大戰期間，海明威想到前線瞭解戰爭的實際狀況。

18 歲的海明威前往義大利戰場的時候，對於前線殘

酷的戰況十分震驚。在幫忙運送補給品的過程中，他的右腿被炮彈擊中，但同時他還將其他傷兵帶到安全的地方。在服兵役時，海明威認識了美國護士艾格妮絲，兩人陷入情網，這也成為他後來小說《戰地鐘聲》的靈感來源。

戰爭結束後，海明威回到美國，在報社當中工作。20 幾歲的他移居巴黎，由於當時很多年輕作家都在巴黎，透過交流互動，讓海明威產生寫作靈感，並且結交了許多朋友。24 歲時，海明威出版他的第一本書，但還沒有在文壇上獲得太大的關注。

海明威在巴黎的好朋友是《大亨小傳》的作者費茲・傑羅，他們經常交換手稿，討論寫作。費茲・傑羅也影響了西元 1926 年海明威出版的《太陽照樣升起》，這本書出版之後，叫好叫座，讓海明威成為知名作家。

海明威的父親在他 30 歲時因為受不了病痛的折磨，舉槍自殺，讓海明威受到了不小的打擊。然而，他仍然

我們花了兩年學會說話，卻要花上一輩子來學會閉嘴

年輕時期的海明威。

持續創作，並且在世界各地旅行，尋找靈感，像是西元 1935 年出版的《非洲的青山》記錄了在非洲的旅行。

美國在西元 1941 年加入了第二次世界大戰，海明威自願服役，並且到古巴進行偵察工作，後來的《渡河入林》便是以第二次世界大戰為背景。戰爭之後，海明威發表了《老人與海》，講述了一個老漁夫與大旗魚奮戰的故事。

以真實故事為基礎，《老人與海》展現了人類與自然間的微妙關係，同時呈現了人類面對自然的精神，雖然注定失敗，但仍然堅持不懈，《老人與海》讓海明威獲得了諾貝爾文學獎的殊榮。

然而，50 多歲的海明威因為長期酗酒，身體狀況每況愈下，加上遇到飛機失事的意外，受了很多傷。海明威人生的最後，整理在巴黎的生活，出版了《流動的饗宴》，最後不堪疾病和憂鬱症的折磨，如同自己的父親一樣，悲劇地舉槍自盡。

《老人與海》

原書名： THE OLD MAN AND THE SEA

內容大意： 一個老人孤身在海上捕魚，84 天過去，卻一無所獲，最後終於遇上一條超過 1000 磅的超大旗魚，老人與大魚展開了力量與智慧的對決。大魚本來只是老人的獵物，但老人在對抗大魚的過程中，卻漸漸對這隻頑強的生物產生敬意，然而身為漁夫，老人必須讓牠知道：「一個人能做到什麼，能忍受什麼。」最後老人用了 2 天 2 夜才將牠刺死。但返航途中卻遇上鯊魚，經過 1 天 1 夜的纏鬥，老人費盡全力，才解決那些鯊魚。然而，大旗魚卻也被啃食殆盡，僅存骨架……

古巴哈瓦納的科吉馬爾海港，是海明威的捕漁處，也是《老人與海》的靈感來源。

畢卡索

巴勃羅 · 魯伊斯 · 畢卡索

開啟藝術新世界的藝術家

profile

國籍➔西班牙王國
（西班牙）
身分➔藝術家
生日➔西元1881年10月25日
卒年➔西元1973年4月8日

如果要舉 20 世紀最重要的畫家之一，畢卡索一定會是很多人心目中的前三名，他創造了我們對於藝術形式的新認知，並且開啟了藝術的新世界。

西元 1881 年出生於西班牙南部的畢卡索，父親也是位畫家，而且在鎮上的美術館擔任館長，日後畢卡索的父親也到工藝學校擔任教授。而因為家學的關係，父親在他 7 歲的時候開始教畢卡索作畫。

父親認為一定要承襲古典藝術的傳統，所以教畢卡索從素描開始，但是到了 13 歲的時候，父親認為畢卡索已經超越了自己的成就，從此不再作畫，專心栽培畢卡索。天資聰穎的畢卡索在 13 歲搬到巴塞隆納，並且參加了跳級考試，獲得了評審的高度肯定。

後來畢卡索的父親送他到馬德里的皇家聖費爾南多美術學院。然而，畢卡索沒有辦法接受正規教育，反而是在美術館當中欣賞和臨摹藝術家的作品，卻也意外地讓他獲得了很多靈感。成年之後的畢卡索，希望自己能

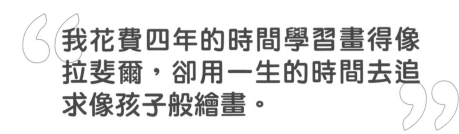

"我花費四年的時間學習畫得像拉斐爾，卻用一生的時間去追求像孩子般繪畫。"

獲得最多刺激的地方就是法國巴黎，開始了在巴黎和馬德里之間的旅居生活。

如果看畢卡索的藝術生涯，早期他的素描作品相當傳統，受到父親的嚴格訓練。成年之後開始追尋自我，開始獨自旅行，由於摯友卡洛斯・卡薩吉馬斯自殺，讓他用很陰鬱的藍色筆調作畫，畫作的主題同時也關注娼妓和乞丐等社會弱勢族群。

畢卡索在巴黎的日子遇到了模特兒費爾南德，兩人陷入情網。此一時期的畫作充滿了粉紅色和溫暖的筆觸，運用活潑和鮮明的畫法展現畫作。經歷過不同的人生階段，畢卡索開始對於藝術有更深刻的認識，而且畢卡索

《亞維農的少女》，1907 年（布面油畫）

在西元 1906 年看到了黑人做的雕刻，那種奔放、熱情和大膽的造型讓他對於藝術有了不同的想法。

西元 1907 年的《亞維儂的少女》取材於妓院當中的女性，但不是透過寫實的方法描繪她們的身體，而是用

扭曲她們身體的方式呈現。畫裡面的人會跟著我們觀看的角度移動。由於顛覆以往我們對於繪畫和觀賞的想像，讓當時的整個藝術界大為震撼。

畢卡索不只要我們用眼睛去看世界，他要讓我們從事情的內涵去認識畫作，不只是從視覺上的呈現，而是要具體瞭解事情的本質。他除了關心藝術的內涵，對於自己的國家西班牙也相當關心，由於西班牙在西元 1936 年開始內戰，生靈塗炭，很多人傷亡。

畢卡索看到格爾尼卡城遭到轟炸，相當難過，透過《格爾尼卡》表達戰爭的殘酷，灰色的色調，裡面有著痛苦伸展的手臂，動物和牛的嘶吼，似乎也象徵著人的痛苦。這幅畫成為後來人類反對戰爭的象徵，也代表了畢卡索的藝術走向了另一個高峰。

西班牙後來陷入了獨裁統治，讓畢卡索無法回到母國，後半生都居住在巴黎，繼續從事藝術創作，最後以91 歲的高齡去世。

畢卡索作品 4 個時期

	時間	影響	特色	代表作
藍色時期	西元 1901-1904 年	卡洛斯·卡薩吉馬斯自殺。	以藍色與藍綠色為主，少用溫暖色調。	《生命》
粉紅色時期	西元 1904-1906 年	遇見費爾南德並與她墜入愛河。	多使用開朗、明亮的橘、粉紅色系。又稱玫瑰時期。	《手拿菸斗的男孩》
黑人時期	西元 1907-1924 年	第一看到黑人雕刻，受到震撼與感動。	風格原始、大膽、抽象，此時期也是立體派風格時期。又稱非洲時期。	《亞維儂的少女》
晚期	西元 1946-1972 年	西班牙內戰和第二次世界大戰，畢卡索反抗西班牙極右翼。	以自己的獨特視角重新演繹其他藝術家的創作主題。	《格爾尼卡》

魯迅 周樹人

揭開封建陋習的文學家

profile

國籍➡中華民國
　　（大陸時期）
身分➡文學家
生日➡西元1881年9月25日
卒年➡西元1936年10月19日

什麼是好的文學家？除了文章通順、詞藻優美以外，好的文學家通常也觀察社會，透過文學家的心靈理解社會，並且改變社會。出生在西元 19 世紀末期的文學家魯迅，本名周樹人，一生積極的描寫中國社會的陋習，批判其中的黑暗，讓走入 20 世紀的中國人理解到傳統社會的問題。

生於清朝末年、家道中落的讀書人家庭，魯迅小時候讀過不少傳統經典，以前的讀書人如果要當官，都要熟記四書五經。但是，後來他的父親入監服刑又生病，讓一家人必須靠著借貸過日子，得看人家的眼色，這使得魯迅很小就懂得人情世故。

魯迅逐漸長大以後，發現中國傳統的四書五經已經無法因應現代社會，當時有很多國外的新知傳入中國，也開設了新式學校，魯迅選擇不考科舉，進入礦務鐵路學堂，學習技術。在閒暇的時間很喜歡讀關於變法維新的書籍，覺得中國一定要有所改變，不然會被淘汰。他畢業後考取了公費留學，到日本念書。當時很多留學生

中國浙江紹興魯迅故居紀念館。

都支持革命推翻清朝，魯迅也受到他們的影響。

　　在日本留學的魯迅選擇習醫，認為醫學可以讓中國人健康，但是看到中國的腐敗，他認為人的身體能夠醫治，但如果腦袋裡還是封建的舊思想，仍然沒有救。於是，魯迅選擇當一個作家，希望透過文學啟發人民的思想，而且文學要和政治結合，才能真正救國。

"時間就像海綿裡的水，
只要願擠，總還是有的。"

　　魯迅在西元 1906 年從東京回到中國，開始創辦雜誌，並且翻譯外國的作品，希望啟發國民的思想。西元 1919 年五四運動爆發，《新青年》雜誌提供運動很多重要的思想，魯迅當時參加《新青年》雜誌的編輯，大力批判中國傳統婦女、家庭倫理問題的腐敗。

　　除了在雜誌上提供思想上的啟發，魯迅也從事政治活動，和中國共產黨互動密切，認為要團結無產階級，進行革命，反抗國民黨的資產階級。當時歐洲正興起法西斯主義，相信獨裁的領袖才能帶領國家走向富強，蔣介石所代表的國民黨政權學習德國納粹，壓迫反對的知識分子，而魯迅則認為中國共產黨才能真正代表中國人民，寄託著中國的未來。

西元 1929 年魯迅在北京街頭向群眾發表演說。

魯迅在西元 1936 年於上海逝世，一生奉獻給文藝，透過文藝批判傳統中文化的腐敗，認為那是「吃人」的傳統，讓中國無法走向進步的社會，接著支持中國共產黨，希望透過政治改革，改變中國社會的腐敗。

魯迅的想法和文學作品鼓舞了當代的年輕人，但魯迅沒有看到西元 1949 年之後中華人民共和國成立之後，共產黨政權透過獨裁的統治殺害大量中國人民，並且由於政策的失誤，造成上千萬人的死亡。由於獨裁政府沒有反對力量，也讓中國政府的貪腐叢生，和魯迅所夢想中的新中國完全不同了。

學習知識 PLUS

《阿 Q 正傳》

內容大意：小說中的主角 Q 是社會底層中的小人物，很窮但是卻有很高的自尊，每次遭遇倒楣事或受到欺負的時候都會用一些聽起來有道理但又站不太住腳的理由來安慰自己。故事表現出當時貧窮農民在當代的無奈與為了活下去不得不的自我安慰心理轉折。

Chen Cheng

陳澄波

豐富台灣色彩的藝術家

profile

國籍➔日治時期的台灣
身分➔藝術家
生日➔西元1895年2月2日
卒年➔西元1947年3月25日

喜歡美術的朋友們，有人喜歡水彩，其他的人可能喜歡油畫。然而，如果我們回到過去，在 100 多年前，當時的畫大部分都是傳統的中國畫，還沒有現在所熟悉的西方畫。而台灣的西方繪畫傳統主要是由日本所帶來，教育了日治時代的台灣人，其中一位很重要的就是陳澄波。

陳澄波出生在嘉義，那年剛好是西元 1895 年，就是日本統治的那一年。他的父親是傳統清代考試獲得功名的秀才，母親在生下他後就過世了。從小靠祖母賣花生油，撫養他長大。陳澄波的成績很好，13 歲的時候進了嘉義第一公學校，一路苦讀，接著又考上了台北國語學校師範科。

當時師範科來了一位日本名師石川欽一郎，除了自己本身有才氣外，也很會教學生，激起了陳澄波對於藝術的熱情。師範學校畢業後，陳澄波返鄉教書，但在他的心中，已經有了對於藝術的想望，開始計畫到日本留學，進修藝術。

"作為一個藝術家，必須擴大生活領域，更需寬容關懷事物。"

　　西元 1924 年已經 29 歲的陳澄波，儘管年紀已經不小了，但還是選擇跟廖繼春一起前往日本，考進了相當競爭的東京美術學校。陳澄波的家境並不富裕，但是帶著理想和熱情，在東京讀書時相當認真。除了平常的課業之外，還經常在課餘時間到公園寫生，他期許自己像梵谷一樣，能畫出不朽的名作。

　　日本殖民統治下，台灣人只能當二等國民。但陳澄波覺得自己的藝術創作可以為台灣人爭一口氣。他以故鄉為主題的《嘉義街外》油畫作品入選第七回的「帝展」，這是日本帝國美術家的最高榮譽，評審都是當時畫壇上重要的專家，陳澄波成為進入「帝展」的第一個台灣人，也讓他受到美術界的關注，台灣與日本媒體也競相報導。

陳澄波作品《廟口》（彰化南堯宮，彰化，台灣），布面油畫

　　陳澄波從東京美術學校畢業之後，到上海的新華藝專擔任西畫科主任。後來在西元 1933 年返回台灣，在故鄉的土地上，陳澄波創作了大量的畫作，而且培育了很多喜愛美術的青年們。他曾經在《台灣藝術》發表過一篇〈我是顏料〉的文章，以熱情且率真的文筆，表達將一生奉獻給藝術的心情。

陳澄波有名的作品，像是以淡水的風景所畫的一系列作品，用油畫展現出台灣的美感。色調展現出對比，呈現出強烈的生命力，可以瞭解他對台灣的熱愛。陳澄波透過自己對於美術的喜愛，將家鄉的風景一一的呈現在他的畫作上。

　　然而，西元 1945 年國民政府來之後。因為發生了「二二八事件」，當時身為處理委員的陳澄波，想要調停台灣人和政府的衝突，卻遭受到拘捕，最後遭槍殺。他的太太張捷在他死後，努力養大陳澄波的子女，並且收藏好他的畫作。在台灣走出專制獨裁的威權統治後才將畫作公

陳澄波照。

056

開，並且由陳澄波的同學與學生著手修復，這不僅讓台灣人可以瞭解這位愛台灣，且藝術成就高的油彩畫家，也再度喚醒人們對當時事件的注意。

學習知識 PLUS

嘉義與二二八事件

台灣於西元 1947 年 2 月底發生的大規模民眾抗暴事件，當消息傳至嘉義時，當地民眾聚集於嘉義噴水池前，當時的市長要求憲兵隊處裡。同年 3 月 2 日民眾包圍嘉義市長官邸，爆發嘉義「三二事件」。

3 月 3 日嘉義市民成立「嘉義市三二事件處理委員會」，負責協調衝突，陳澄波也是其中一員。3 月 8 日中央援軍到達後，陳儀下令戒嚴並宣布全台鎮壓。3 月 11 日時處理委會代表人前往水上機場談判，希望和平解決，卻被軍方扣押。3 月 13 日進入嘉義市內全面管控後，軍方陸續在嘉義火車站前廣場，於 3 月 18 日開始公開槍決包括陳澄波等人。

處決當下，甚至特別選在嘉義市人潮聚集的火車站前廣場行刑與曝屍，而被處決者的親人幾乎是在他人轉告下，才獲知自己的親人即將行刑。而遭公然處決者，全員都沒有受到司法審判即行刑，是台灣民主過程中極為殘忍的一段歷史。

Zhong Zhao

鍾筆政

當代台灣文學之母

profile

國籍➡台灣
身分➡文學家
生日➡西元1925年1月20日
卒年➡西元2020年5月16日

鍾肇政被尊稱為「台灣文學之母」，在西元 2020 年 5 月 16 日以高齡 95 歲辭世。什麼是「台灣文學」？用中文寫作嗎？或是要用台語、客家語或原住民語寫作呢？身在這塊土地上的人，認同台灣，以台灣為主體而寫出來的文學，不管是什麼語言，應該都是「台灣文學」？

鍾肇政先生就是「台灣文學」的領航者，歷經不同的時代，從日本到戰後的戒嚴時代，再經歷台灣走向民主化。出生於龍潭的他，父親是小學教師，幼年隨著父親在北部不同的地方居住過。鍾肇政家裡有十個手足，他排行第六，只有他是男孩。日本統治末期，台灣人也加入了戰爭的行列。鍾肇政在彰化青年師範學校就讀的期間入伍，戰爭期間染上瘧疾，由於服用奎寧的關係，導致「重聽」的後遺症。

從日治時代走向戰後，台灣在西元 1945 年換成了國民黨統治。本來官方語言是日文，變成了中文。鍾肇政在二次世界大戰之後，秉持著對於文學的熱愛，考上了

「鍾肇政文學生活園區」於西元 2019 年 4 月正式開園。

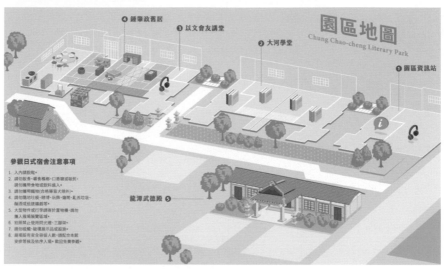

台大中文系。但是由於重聽，加上當時台大中文系的老師說北京話有很濃厚的鄉音，他完全聽不懂，只好輟學，回到龍潭長期擔任小學教師。

擔任小學教師的同時，由於以往受過的教育都是日文，對於中文的創作相當陌生，於是開始認真的學習中文。透過大量的閱讀和練習，鍾肇政開始用中文創作。鍾肇政生活過不同的時代，知道台灣人的悲哀，不同的政權就要學習不同的語言和文字，所以他要寫出屬於這

> **我心中唯有文學，台灣文學而已，故對「鄉土文學」四字毫無興趣。**

塊土地的文學，屬於台灣人的文學。

　　從西元 1960 年代開始，鍾肇政開始寫長篇小說，一寫就是百萬字。寫了「濁流三部曲」，其中包含：《濁流》、《江山萬里》和《流雲》；接著又寫了「台灣人三部曲」，其中包含：《沉淪》、《插天山之歌》和《滄溟行》。歷經了不同政權統治的台灣人，鍾肇政用長篇小說將台灣人的命運寫下來。

　　由於第二次世界大戰之後，國民黨長期統治台灣，用戒嚴令限制台灣的文化和自由，並且用「大中國」的思想教育台灣人。但是鍾肇政仍然追求台灣人的主體性，想要寫出台灣人在不同政權下的掙扎與認同，最後成為

台灣人的過程。

　　除了大量的文學創作，鍾肇政先生體認到台灣文學
要成為台灣人的靈魂，需要更多人的參與。但這在戒嚴
時代的台灣，是被大中國思想的國民黨政府所限制，鍾
肇政先生只能透過個人的力量，結合大量台灣文學的同
好，提攜後進，讓台灣文學的香火不至於消失。

　　台灣民主化之後，鍾肇政先生長期以來對於台灣文
學的貢獻終於被看見。台灣人長期處於不同政權的統治
下，在不同的語言和文化中掙扎。鍾肇政先生堅苦卓絕
的透過自己的努力，讓台灣人看到自己文學和文化的精
采之處。

台灣現代文學之父與台灣文學之母

	台灣現代文學之父	台灣文學之母
姓名	賴和	鍾肇政
生卒	西元 1894 年 5 月 28 日 - 西元 1943 年 1 月 31 日	西元 1925 年 1 月 20 日 - 西元 2020 年 5 月 16 日
出身	台灣彰化	台灣桃園
民屬	客家人	客家人
創作題材	小說、詩作為主	現代小說為主
代表作品	《一桿「稱仔」》、《不如意的過年》等	《魯冰花》、大河小說《濁流三部曲》等

John Winsto

約翰・藍儂

約翰・溫斯頓・小野・藍儂

用音樂傳達愛與和平的樂手

profile

國籍➡大不列顛暨北愛爾蘭
聯合王國（英國）
身分➡樂手
生日➡西元1940年10月9日
卒年➡西元1980年12月8日

披頭四樂團是 20 世紀最知名的搖滾樂團，由四個英國人所組成，作品優美的旋律和節奏，深富意涵的歌詞風靡西元 1960 年代的世界。身為當時的巨星團體，唱片銷售量也屢屢締造世界紀錄。而披頭四樂團的靈魂人物約翰‧藍儂，是一位用音樂傳達愛與和平的歌手。

約翰‧藍儂出生於西元 1940 年的英國海港城市：利物浦，父親長期在船上工作，有時一年都沒有回家一次。他的父母後來離異，母親再嫁，將藍儂交給自己的姐姐咪咪撫養。沒有孩子的她，將約翰‧藍儂視為己出，很努力且盡責地養育他成長，並且進入很好的學校讀書。

然而，藍儂對於課業沒有太大的興趣。當時正好是搖滾音樂流行的時候，藍儂聽到美國的搖滾樂巨星貓王的音樂很有興趣。母親會定期來看藍儂，後來買了一把吉他送他，藍儂很想要走上搖滾音樂的路。

然而，當時大部分的人對於搖滾樂都沒有什麼好感，覺得是不入流的音樂。

藍儂後來進入利物浦藝術學院讀書，還是靠咪咪遊說的關係才得以進入。然而，他在學校常常因為行為不端而被老師糾正，甚至有老師拒絕他進入教室學習，最後被學校開除。藍儂雖然學業不理想，但對於搖滾樂相

約翰·藍儂與其妻子小野洋子。

> **我的頭髮多長、皮膚是什麼顏色、或我是男是女，這些都不重要。**

當著迷，15 歲的時候開始組織了第一個樂團，稱為「採石工人」。

有一次在教堂演出的時候，遇到保羅‧麥卡尼，兩個人相當投緣，藍儂邀請他加入樂團，後來又遇到兩位樂手。在西元 1960 年代初期，披頭四樂團誕生了，此時的藍儂還不到 20 歲。剛開始還沒受到矚目的時候，樂團到處巡迴演唱，尋找知音。

直到樂團漸漸有了歌迷，後來又遇到了一個影響樂團的重要經紀人布萊恩‧艾普斯坦，他幫披頭四設計了服裝造型，要所有樂手都穿西裝打領帶，形成了披頭四重要的形象。

披頭四先在英國走紅，不斷地在英國巡迴演唱，連英國女皇也成為台下觀眾。此時披頭四也進行大量新創作，拍電影。不僅在英國獲得廣大的聽眾，西元 1964 年到了美國，在全美國巡迴演唱，轟動美國，回到英國後還獲頒大英帝國勳章。披頭四將以往大家都覺得是不入流的音樂，帶進了當時世界的主流音樂文化中。

披頭四樂團在後來因為一些問題而解散，藍儂仍然進行音樂創作，因為他想要透過音樂傳達和平思想。當時美國攻打越南，造成很大的死傷，藍儂透過音樂傳達愛與和平。在一首知名歌曲〈想像〉中唱道：「想像一下，如果這個世界上，沒有國家會怎樣？其實這是有可能的，這樣就不用打仗，也不會有無辜的生命死去。」藍儂後來不幸受到瘋狂的精神病患槍殺，年僅 40 歲，但他留下的音樂，傳達和平理念的想法，仍繼續為我們所傳頌。

披頭四成員

約翰‧藍儂

出生日：1940 年 10 月 9 日　　**出生地**：英國

披頭四的節奏吉他手、鍵盤手、主唱。是樂團中早期創作樂風的主導者，樂風悲苦。同時也是一個藝術家與作家。

保羅‧麥卡尼

出生日：1942 年 6 月 18 日　　**出生地**：英國

披頭四的貝斯手、鍵盤手、主唱，是約翰‧藍儂音樂上的好搭擋，曲風抒情輕鬆。

喬治‧哈里遜

出生日：1943 年 2 月 25 日　　**出生地**：英國

披頭四的主音吉他手、鋼琴手、和音，是樂團中發言最少的成員，後期才逐漸嶄露頭角。

林哥‧史達

出生日：1940 年 7 月 7 日　　**出生地**：英國

披頭四的鼓手、和音，個性溫和，是披頭四不可或缺的重要人物，披頭四解散後，成為成功的歌手及演員。

Teng Li Chu

鄧麗君

永存人們心中的華人巨星

profile

國籍➔台灣
身分➔歌手
生日➔西元1953年1月29日
卒年➔西元1995年5月8日

每個時代都有巨星，但能夠在華人世界與日本都走紅的一代巨星，只有鄧麗君。西元 1953 年出生於台灣雲林縣的鄧麗君，父母都是西元 1949 年隨著國民政府遷移來的外省族群。

小時候的鄧麗君住過台東和屏東，後來遷到新北市的蘆洲。小學時，鄧麗君已經展現出不少才藝，參加音樂和演講比賽，還會到部隊中表演，慰勞軍官。

鄧麗君進入金陵女中讀書的時候，就開始了她的演藝生涯。在電台參加歌唱訓練，或者在餐廳和飯店擔任駐場歌手。為了專心在演藝事業，最後鄧麗君休學從事演唱工作。14 歲的時候，鄧麗君發行了她的第一張專輯，還到電視台演唱，主唱當時知名連續劇《晶晶》的主題曲，一舉成為台灣家喻戶曉的明星。

除了在台灣以外，鄧麗君在香港、日本、新加坡、馬來西亞、泰國都曾登台演出。在東南亞的演出，鄧麗君主要都是為了慈善活動而登台，像是颱風的賑災活動，

或是幫助身心障礙兒童的募款活動。

　　將近 20 歲的時候，鄧麗君在台灣與東南亞都已經大大地走紅，而且還被日本的星探發現，在 21 歲時前往日本發展。由於鄧麗君不會日文，當時一邊學習日文，也要在歌廳唱歌，相當辛苦。在日本發表的第一張單曲，銷量沒有很好，但第二張單曲〈空港〉就有 70 萬張的好成績。

　　在事業發展之餘，鄧麗君知道要好好進修，於是前往美國加州大學洛杉磯分校學習日文、生物和數學，同時也錄製了膾炙人口名曲〈甜蜜蜜〉和〈小城故事〉。鄧麗君在美國期間也不時受邀為華僑團體演唱，當時兩岸之間的情形相當緊張，但鄧麗君在中國大陸也有很多的聽眾，中華民國政府利用鄧麗君美麗的歌聲來加以宣傳。

　　西元 1979 年台灣與美國斷交後，鄧麗君回台在台灣各地舉辦演唱會，從北到南勞軍，為台灣國軍而唱，後來甚至被行政院授予「愛國藝人」的獎章。台灣與中國

鄧麗君身後筠園塑像。

**我歌中的歌詞，
沒有任何政治意味，
有的僅是自由和感情的色彩**

在西元 1980 年代的時候互不往來，但是中國的民眾為了要聽到鄧麗君的歌曲，偷偷錄製並在私下流傳。當時的中國國家主席是鄧小平，大家習慣稱為「老鄧」，而把鄧麗君稱為「小鄧」，民間的諺語甚至會說：「不愛老鄧，只愛小鄧。」

西元 1980 年代之後，鄧麗君移居到英國和法國，但仍然非常關心華人世界。中國於西元 1989 年發生「天安門事件」，政府的軍隊血腥鎮壓抗議的學生，鄧麗君出席紀念活動時說：「我絕不向暴政低頭。」

然而，鄧麗君因為氣喘的問題，在西元 1994 年與當時的法國男友保羅前往泰國清邁休息渡假，但在西元 1995 年卻因為因氣喘病發引發心肌梗塞不治，享年 42 歲。鄧麗君過世之後，全世界的華人和日本的粉絲們都感到不捨，因為她的成就是世界性的，西元 1986 年美國的《時代》雜誌更將她評選為世界七大女歌手，西元 2010 年美國 CNN 更將她列為 50 年來最具影響力的 20 位音樂家之一。

美國 CNN 過去 50 年評選的全球最知名 20 名音樂家

披頭四　Beatles（英國）

艾維斯・普里斯萊　Elvis Presley（美國）

巴布・狄倫　Bob Dylan（美國）

麥可・傑克森　Michael Jackson（美國）

DJ 卡利　DJ Khaled（美國）

艾瑞莎・法蘭克林　Aretha Franklin（美國）

瑪丹娜　Madonna（美國）

鄧麗君　Teng Li Chun（台灣）

吉貝托・吉爾　Gilberto Gil（巴西）

米瑞安・馬卡貝　Miriam Makeba（南非）

塞利娜・克魯茲　Celia Cruz（古巴）

尤蘇・安多爾　Youssou N'Dour（塞內加爾）

阿莎・波斯蕾　Asha Bhosle（印度）

努斯拉・法帖・阿里・汗　Nusrat Faleh Ali Khan（巴基斯坦）

滾石樂團　The Rolling Stones（英國）

烏姆・庫勒蘇姆　Oum Kalsoum（埃及）

巴布・馬利　Bob Marley（牙買加）

詹姆士・布朗　James Brown（美國）

璜斯　Juanes（哥倫比亞）

張國榮　Leslie Cheung（香港）

（以上非排名順序）

草間彌生

日本知名前衛藝術家

profile

國籍➜日本國
身分➜藝術家
生日➜西元1929年3月22日

敏 感的心靈經常能讓我們能感受到不同的世界，很多藝術家都能體會到一般人看不到的世界，特別是前衛藝術家。出生在西元 1929 年的草間彌生是當代知名前衛藝術家，她所創造的藝術世界，影響當代藝術界、文化界和時尚界。

令人意外的是，草間彌生出生在日本鄉下長野縣的傳統富裕家庭。母親嫁到草間家之後，就努力為家族的事業努力，很少關心這個小孩。然而，風流的父親又讓母親感到不安，於是她讓草間彌生去監視父親還有他的情人，這讓草間對於愛情和性關係都感到混亂，並且產生了精神失調的狀況。

傳統的家庭環境讓草間在 9 歲時產生了一些幻覺，她經常看到圓點，在生活的所有東西上。有時出現在桌子、牆上，或者在天花板上，讓她天旋地轉。草間彌生嘗試向大人求助，但周邊的人覺得她在胡說，使得她從小都活在孤獨和恐懼當中。

日本藝術家草間彌生在格羅皮烏斯·鮑博物館舉辦的展覽。

　　喜歡藝術的草間彌生，後來從長野的女校畢業後，到京都的工藝美術學校就讀。京都是日本古都，工藝美術學校所教授的是傳統日本美術，草間彌生學習傳統的日本畫，雖然讓她感到厭煩，但也受到非常扎實的繪畫技巧。

　　西元 1950 年代的日本還相當保守，草間彌生只有縱情於創作才能抒發內心的情感。後來在表哥的幫忙下，

她看到了前衛藝術家喬治亞‧歐姬芙的作品，內心大為感動，然後她提筆寫信給歐姬芙。令人意外的是，已經是世界知名的歐姬芙不僅回信給草間彌生，還表示願意推薦她的作品，讓草間彌生決定離開日本。

28 歲的草間彌生離開日本的時候，母親給她 100 萬日圓，但對她說不用回來了。然而，草間彌生憑藉著對於創作的熱忱，除了基本的生活以外，將所有的錢都投入了藝術材料，很快就花完了所有的費用。

草間彌生帶著自己的作品在紐約的畫廊推銷，有時候好幾個月都賣不出一幅畫。用盡了所有金錢，餓到受不了的時候，只能在垃圾桶翻找，像流浪漢一樣撿拾食物吃。

"一生中，我對一切艱難工作親力親為。"

或許就是這樣的絕境，讓她用藝術的想像力與生命力，透過網狀的構圖、圓點的設計，在眾多藝術家中脫穎而出，在紐約的藝術環境中受到好評，並且獲得國際藝壇的注意。

　　草間彌生一直都受到精神疾病所苦，後來她返回日本之後，一邊在心理治療中心居住，一邊在離治療中心不遠的工作室創作。除了繪畫以外，草間彌生也在日本、美國、法國和韓國製作大量的空間藝術，善於運用鏡子還有圓點的設計，創造出無限繁殖的感覺，她也與知名的服飾廠商合作，活躍在時尚界。

　　現在年紀超過 90 歲的草間彌生仍然持續創作，她說：「為了藝術，怎樣辛苦我都不會後悔，我就是這樣一路走到現在，今後也會這樣繼續生活下去。」

草間彌生美術館

開館日：週四、五、六、日及國定假日

　　　　　（採全預約制，每場 90 分鐘）

購票方式：每月 1 日 10:00am

　　　　　　（日本時間，台灣時間 9:00am）於美術館官方

　　　　　　網站開始販售下下月份的票券（無販售當日券；

　　　　　　官方網站為唯一售票平台）

地址：東京都新宿區弁天町 107

電話：03-5273-1778

營業時間：11:00am-5:30pm

官方網站：https://yayoikusamamuseum.jp

交通方式：東京 Metro 東西線「早稻田站」徒步 7 分鐘；或

　　　　　　是都營地下鐵大江戶線「牛込柳町站」徒步 6 分

　　　　　　鐘

　　　　　　　　　　　　（詳細資料請洽官網）

Murakami H

村上春樹

刻劃人性孤獨意識的作家

profile

國籍➔日本國
身分➔文學家
生日➔西元1949年1月12日

每 年諾貝爾文學獎頒發前夕，都會有很多村上粉絲聚集在酒吧，因為他們期待當年的文學獎得主會是作家村上春樹。然而，每年都失之交臂。村上春樹被認為是日本第二次世界大戰之後最偉大的文學家之一，以往日本的兩位諾貝爾文學獎得主都生於戰前。

出生於京都的村上春樹，父母都是日文教師，從小就鼓勵村上閱讀，家中有一套世界文學叢書，讓他對於西方的文學有了一些認識，並且著迷於其中。中學時期，村上不是認真的學生，但對自己感興趣的書籍卻相當認真閱讀。有時候還會蹺課，但由於語文能力很強，所以成績不算太差。

村上本來打算讀法律系但是落榜，後來當了一年重考生，有一次讀到楚門·卡波堤的小說後大為感動，於是確定了自己要走向文學的路，村上春樹考上了早稻田大學的戲劇系。

西元 1960 年代的日本有很多學生抗議運動，當時學

校停課，雖然大學無法上課，但他也對於學生運動沒什麼興趣，於是轉向挖掘個人的內心感受，在爵士酒吧當中感受音樂，或者自己旅行，在各地尋求人生的意義。

西元 1968 年開學後，村上認識了同班的高橋陽子，兩人交往後決定結婚。一開始兩人白天在唱片行打工，晚上到咖啡館，存了一些錢之後，成立一家爵士咖啡館。

村上春樹照。

"若什麼都不捨棄，
便什麼都不能獲取"

經營酒吧之餘，村上利用時間，29 歲的他寫了人生的第一部小說《聽風的歌》，完成之後投稿到文學雜誌《群像》，獲得新人獎。

村上後來提到，如果小說沒有獲獎，可能就不會再寫小說了。村上在西元 1981 年決定開始成為全職小說家，賣掉了爵士酒吧，專心創作。《世界末日與冷酷異境》在西元 1985 年完成，獲得了「谷崎潤一郎獎」，這是戰後第一位青年獲獎，書中深刻地與個人內在意識對話。

西元 1986 年村上跟太太到歐洲居住了 3 年，期間完成了《挪威的森林》，書籍大賣超過 400 萬本，文壇出現了「村上現象」。村上完整地掌握城市當中人與人間

彼此疏離的感覺，還有自我的失落。接著他到普林斯頓大學擔任駐校作家，並且講授「日本文學」。

西元 1995 年日本發生地下鐵沙林毒氣事件，信奉奧姆真理教的信徒，接受教主的指令，在地下鐵施放毒氣。村上春樹在發生事件之後回國，採訪了六十多位相關者，寫下了《地下鐵事件》和《約束的場所》兩本報導文學，深刻剖析事件的起因與日本社會問題。

村上自己的生活相當規律，每天慢跑，參加馬拉松比賽，固定寫作，喜歡搖滾樂和爵士樂，也喜歡旅行。除了小說以外，也寫關於音樂、旅行和飲食散文。由於作品被翻譯成數十種語言，他也成為世界認識日本文學的象徵。

早稻田大學國際文學館 村上春樹圖書館

開館日：採全預約制

預約網址：https://wihl.resv.jp/reserve/calendar.php?x=1637930733

參觀方式：每天設有四個時段開放，每時段最多開放 40 人
　　　　　入場。於參觀日前一個月的 00:00（日本時間，
　　　　　台灣時間 11:00pm）受理預約，預約成功即能收
　　　　　到確認 E-mail，入場時出示 E-mail 畫面即可。

地址：東京都新宿区戸塚町 1-104

官方網站：https://www.waseda.jp/culture/wihl/

交通方式：東京 Metro 東西線「早稻田站」徒步 7 分鐘

余英時

當代最知名的史學大師

profile

國籍➜台灣
身分➜史學家
生日➜西元1930年1月22日
卒年➜西元2021年8月1日

歷 史學雖然是研究過去的學問，但指出過往人類走過的路，所以有時能給我們現在和未來的參考。每個歷史學家都活在現在，在過去與現在之間對話，能夠完美詮釋的人就是史學大師。西元 2022 年 8 月 1 日過世的余英時教授就是這個時代的史學大師。

西元 1930 年出生在中國天津，由於日本侵略中國，父親將他送回安徽老家。當時他在那裡看到共產黨屠殺鄉民，留下陰影。余英時在老家讀的是傳統私塾教育，熟悉中國的古典經典。他後來也讀新式的中學和大學，在西元 1949 年進入北京的燕京大學歷史系。

由於共產黨控制中國，余英時到了香港，在香港跟著史學大師錢穆學習。當時錢穆成立新亞書院（後來併入香港中文大學），余英時便是第一屆畢業生。中國被共產黨統治後，很多有良心的知識分子到了美國，有些在一流的大學教書，像國學大師楊聯陞在哈佛大學教書。

余英時敬佩楊聯陞的學問，拿到了獎學金到哈佛大

余英時先生照。

學攻讀博士。他在哈佛大學不僅瞭解中國的歷史，同時也學習了西方的、歷史，在更為廣闊的環境當中瞭解歷史學的治學方法。歷史學是一門現在的學問，要透過比較的方法，還有現在的學術訓練，才能讓中國史走進世界。

　　從哈佛大學獲得博士之後，余英時先生在美國一流的密西根大學、耶魯大學和哈佛大學都任教過，最後到普林斯頓大學任教。華人能夠在美國這麼多大學任教的

66 台灣別糊塗丟掉自由 99

只有余英時先生，除了他能夠流利的運用英文外，還在於他研究中國歷史上的重要問題。

　　余英時先生研究傳統中國的知識分子，稱為「士」。戰國時代，由於有不同國家，相互競爭，國君用人唯才。但到了皇帝時代，中國統一了。在皇帝旁邊的士，提供皇帝治國意見。如果皇帝是明君，兩者配合得很好。但如果皇帝昏庸，士也會遵守著自己氣節，有些退隱，有些以死明志。

　　雖然研究歷史，但余英時先生也十分關心當下的政治，尤其是民主化的問題。他一輩子反共，所以沒有回去中國。他說：「我在哪裡，中國就在哪裡。」從西元1980年代開始，台灣走向民主化的過程，他常發表文章支持黨外運動。

《從價值系統看中國文化的現代意義》、《知識人與中國文化的價值》、
《人文與民主》（余英時經典作品套書，絕版再現，全新編輯校對）。
作者：余英時　　出版社：時報出版

　　中國接收香港後，開始逮捕香港民主派人士，強力
迫害人權的行為，余英時先生也寫文章批評。西元 2014
年，余英時先生獲得國際漢學重要的「唐獎」。當時他
說：「現在包括香港自由慢慢受到約束，一國兩制都可
以變成一國一制了。台灣到現在為止，也有危險，但還
沒直接輪到你們，也許是下一個。」

　　在現實當中捍衛民主，學術研究中國古代思想，進
出古典與現在之間，余英時先生有超過五十本的中、英
著作，學生都相當優秀，影響全球的中國歷史研究。

唐獎

唐獎是由台灣知名企業家尹衍樑博士於 2012 年 12 月成立，共有永續發展、生技醫藥、漢學及法治等四大獎項。每 2 年一屆，首屆獲獎名單於 2014 年 6 月 18 日（唐朝開國日為 6 月 18 日）公布。除了獎座外，另有獎金為新台幣 5 千萬元。

	唐獎	諾貝爾獎
舉辦地	台灣	挪威、瑞典
首屆頒獎	2014 年	1901 年
獎項數	四項	五項
獎項	永續發展獎 生技醫藥獎 漢學獎 法治獎	物理學獎 化學獎 生理學或醫學獎 文學獎 和平獎 經濟學獎（西元 1968 年新增）
獎金	新台幣 5000 萬元	800 萬瑞典克朗
頒贈對象	不限國籍	不限國籍
頒發屆次	2 年一屆	1 年一屆

CHAPTER 2
讓夢想成為現實中的美好

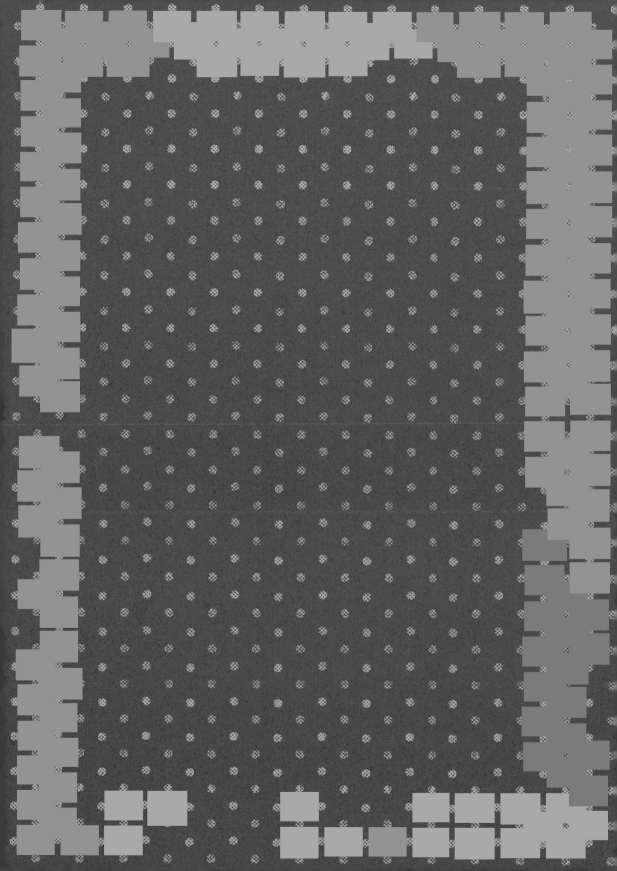

Thomas Edw

勞倫斯
湯瑪斯・愛德華・勞倫斯

透過阿拉伯世界瞭解智慧的偉大

profile

國籍→大不列顛暨北愛爾蘭
聯合王國（英國）
身分→考古學家
生日→西元1888年8月16日
卒年→西元1935年5月19日

英國廣播公司 BBC 曾經在西元 2002 年選出百位「最偉大的英國人」，其中有一位非常特別的人物，不是政治家，也不是思想家。他是一位歷史學家、考古學家、作家，同時也是戰爭英雄。他是被稱為「阿拉伯的勞倫斯」的湯瑪斯‧愛德華‧勞倫斯。

勞倫斯是位勇敢且有智慧的冒險家，父親是愛爾蘭貴族，後來和勞倫斯的母親私奔，生下了他。勞倫斯從小就絕頂聰明，大學時選擇進入牛津大學的歷史系。當時在英國，就讀歷史系需要成績相當優秀才能就讀。勞倫斯相當鍾情於地中海沿岸的歷史，還經常到埃及、敘利亞和巴勒斯坦沿岸進行考古工作。

勞倫斯不僅對於語言有天分，瞭解好幾國語言，並且翻譯了《荷馬史詩》，文筆十分流暢易讀。他的著作《智慧的七柱》除了是暢銷書之外，珍藏的精裝版在市場上還被炒作到 10 萬美元。

對於勞倫斯的人生來說，最為關鍵的事情是第一次

「阿拉伯的勞倫斯」著阿拉伯服飾照。

"" 使人高貴的是人的品格 ""

世界大戰的爆發。勞倫斯決定加入英國陸軍，加入中東戰場。當時的中東主要在鄂圖曼土耳其帝國的控制下，勞倫斯熱愛阿拉伯，想要幫助阿拉伯人脫離土耳其人的統治。他與阿拉伯王子費薩爾結盟，結合英國與阿拉伯，一起對土耳其人作戰。

勞倫斯與當時的指揮官艾德蒙・愛倫比合作無間，這位軍官被視為是第一次世界大戰中最傑出的英國陸軍戰將。與土耳其的決戰中自己這一方死亡九百人左右，但土耳其一方卻戰死了八萬多人，讓土耳其退出了世界大戰，使得在亞洲戰場上沒有後顧之憂。艾德蒙的背後就是靠勞倫斯詳細的情報還有游擊戰才獲得決定性勝利，史稱「阿拉伯起義」。

勞倫斯跟阿拉伯人培養良好的關係，騎著駱駝，戴

著阿拉伯彎刀，透過擾亂對方，使用計謀，在沙漠中神出鬼沒，讓土耳其人完全不知道他所使用的戰術。最令人嘖嘖稱奇的就是勞倫斯曾經被捕，而且土耳其人輪流用酷刑拷打他。即使在極端的情況下，他仍然使用計謀脫困，最後逃出來。

阿拉伯人在勞倫斯的幫忙下，成功奪回了敘利亞的首都大馬士革，終於有希望獨立。然而，勞倫斯的祖國英國還有當時的西方列強為了自己的利益，卻硬生生將阿拉伯瓜分，成為後來戰亂的根源。

後來勞倫斯無法改變列強在阿拉伯世界的決定，只能回到英國去，有一天騎摩托車不小心出了車禍，過世的時候只有 47 歲。由於勞倫斯的故事相當傳奇，改拍成電影，西元 1962 年「阿拉伯的勞倫斯」得到了七項奧斯卡金像獎。

21 世紀的現在，中東的戰爭仍然不斷。有些人質疑勞倫斯幫助了英國，讓他們在中東獲取了大量資源，並

且加以瓜分。然而，勞倫斯憑藉著自己的勇氣、智慧和熱情，想要幫助他的阿拉伯朋友們的原意仍然不變。雖然後來被利用，但他的事蹟現在仍然為大家所傳頌著。

學習知識 PLUS

阿拉伯起義

鄂圖曼土耳其帝國血腥統治阿拉伯地區，西元 1914 年第一次世界大戰爆發，阿拉伯人開始在各地出現阿拉伯民族主義運動。第一次世界大戰中，鄂圖曼土耳其帝國加入同盟國，協助德意志帝國。

作為第一次世界大戰的中東戰場，土耳其的參戰讓德意志帝國的對手大英帝國疲於奔命。為了有效打擊大英帝國，鄂圖曼土耳其帝國變本加厲對阿拉伯地區加強控制與打擊，於是進一步激起阿拉伯人要求獨立的企圖。

而英法等國也出於自身利益，支持阿拉伯人起義，阿拉伯起義不但有效牽制數萬本來準備進攻蘇伊士運河地區的鄂圖曼土耳其軍隊，使中東戰場朝有利英軍的方向發展。

Sir Ernest He

沙克爾頓爵士

歐內斯特・亨利・沙克爾頓爵士　　永不放棄的南極探險家

profile

國籍➔大不列顛暨愛爾蘭
　　聯合王國（英國）
身分➔探險家
生日➔西元1874年2月15日
卒年➔西元1922年1月5日

我 們現在有太空中的衛星，可以很清楚地看到地球上的每個角落。然而，以往在沒有衛星的時代，很多難以到達的地方都需要探險家來告訴我們遠方的資訊。出生愛爾蘭的沙克爾頓就是一個前往南極的探險家，他生於西元 1874 年，家中有十個孩子，排行第二。

沙克爾頓從小就對海洋有興趣，立志要在海上航行，15 歲的時候就上船工作。一開始擔任幫手，在 24 歲時考取了船長。沙克爾頓想要前往未知的世界看一看，當時英國皇家地理學會，有很多科學團體會前往難以到達的地方探險。

西元 1899 年沙克爾頓加入皇家地理學會後，在西元 1901 年參加了國家南極探險隊，他雖然不是科學家，但很有領導力，並且會發明東西娛樂大家，度過長久的航行生活。

第一次前往南極的探險並不順利，他們想要到南極的中心 —— 南極點，但由於經驗不足，最後不但沒有到

❝ 我一定回來救你們；如果我沒有回來，說明我已經盡力了。**❞**

英國探險家沙克爾頓在甲板上。

達南極點，探險隊的隊員們很多都出現了壞血病的症狀。

　　雖然第一次探險失敗，但沙克爾頓始終都有個南極夢。在西元 1907 年自己組織一個南極探險隊，而且還受到英國王室的注意，除了接見他們，還贈送國旗，希望能插在南極點上。

　　沙克爾頓先在南極的海岸紮營，在西元 1908 年開始向南極點出發。第一次探險的時候用狗來運輸，但沒成功。第二次改用小馬，但在行程中，小馬掉進了洞穴中。沒有了動物的幫忙，只好用步行的方式前往。沙克爾頓的團隊走了一個月，飢寒交迫，靠近南極點 180 公里處時已經無法再往前行，為了回程不會餓死，只好返回。

　　由於沒有食物，只好吃死去的馬充飢，最後卻染上痢疾。沙克爾頓先將兩位團員安置在補給站，等回到船上再救他們出來。雖然沒有到南極點，但沙克爾頓已經是史上最接近南極的人，回到英國後受到英雄式歡迎，並且受邀到全世界演講。

西元 1911 年挪威人阿蒙森到達了南極點，但沙克爾頓不只想要到達南極點，還想要徒步南極大陸。然而，浮冰困住了他們的船「堅忍號（Endurance）」，最後船還沉沒了，迫使他們只能在浮冰上漂流，最後漂到了一座荒島。然而，沙克爾頓並不氣餒，決心要把所有船員都帶回家，於是他帶著壯碩的成員，划著救生艇，到達 1300 公里外有人煙的南喬治亞島，最後所有成員們都獲救了。

　　回到英國後，由於第一次世界大戰爆發，讓沙克爾頓無法再到南極探險。等到戰爭結束後，沙克爾頓決定回到南極，希望能繪製南極洲的海岸線，還有調查周圍的島嶼。

　　然而，沙克爾頓在航行到紐西蘭的南喬治亞島時，因為心臟病發而過世。雖然我們看到沙克爾頓的探險，沒有一次達到目的，但每個隊員都對他相當佩服，而且會將所有隊員都帶回家，其實也稱得上是偉大的領導者。

堅忍號

西元 2022 年春天，在沉沒了將近一個多世紀後，一群研究人員終於在南極洲最北方的威德爾海（Weddell Sea），找到探險家歐內斯特・亨利・沙克爾頓爵士遺落在南極洲外海的「堅忍號」。這艘沉船保存良好，透過無人水下攝影設備可以看到船隻的狀態幾乎維持當初原來的樣子，除了可能是下沉時撞擊河床的船頭外，繩索、工具、舷窗、欄杆幾乎因為深海的低溫而保持著原始狀態。目前尋找的單位並不會將船隻打撈出海，待未來技術成熟、確保打撈後不會破壞船隻才會進行處理，並將其進行保存。

堅忍號在威德爾海被流冰壓碎，進而沉沒。

華德・迪士尼

華德・伊利亞斯・迪士尼

讓孩子美夢成真的夢想家

Disney

米奇、唐老鴨、白雪公主、101忠狗，這些膾炙人口的動畫片，還有在世界各地的迪士尼樂園，都讓小朋友們有著共同歡笑且美好的回憶，創造了全世界最廣為人知的卡通人物和動畫，創辦迪士尼樂園的人就是華德‧迪士尼。

迪士尼於西元1901年出生在美國芝加哥，是家中的第四個小孩。5歲時，父親在密蘇里州買了一座小農場。從小在自然中長大的迪士尼度過了人生最快樂的時期，在森林、池塘還有大自然的懷抱中，迪士尼很喜歡觀察，並且將周邊的景物畫下來。媽媽知道了他的天賦，買了一本畫冊，讓他可以自學。

父親很早就過世了，大哥和二哥離家出走。小時候的迪士尼，為了家計，一邊讀書，還要一邊打工。打工時經常在火車站賣糖果、餅乾和汽水。迪斯尼很喜歡火車，有一次不小心看火車看得太過入迷，竟然讓他販賣的東西被別人偷走。成年後的迪士尼剛好遇到第一次世界大戰，於是他前往歐洲戰場。回國後，迪士尼想要透

過畫畫找到自己的工作，後來在廣告公司工作。

　　西元 1920 年代剛好是動畫開始發展的年代，當時的技術很簡單，但是迪士尼相當著迷這種新說故事方式。一開始在堪薩斯成立動畫公司，製作了幾部動畫，雖然獲得好評，但並不賺錢。後來他想要到電影聖地好萊塢

年輕時期的華德・迪士尼。

如果你有好奇心，你會找到很多有趣的事做

尋求機會，迪士尼之所以有這個想法，也在於他平常的娛樂就是看電影，特別是喜劇片，當時卓別林的默片讓他獲得很多啟發。

到了好萊塢，迪士尼的創業生活一波三折，起起伏伏。一開始找到了投資人，與哥哥洛伊合開了「迪士尼兄弟製片廠」，發行了知名的「愛麗絲夢遊仙境」等一系列影片。但是，後來與投資人之間產生了紛爭，在處理完相關爭端後，公司就改名成「迪士尼製片廠」，這一期間他們製作了大量相當知名的卡通，而且讓迪士尼聲名大噪。

看似一切順遂的時候，贊助者將公司的重要人才都挖走，讓迪士尼只能重新來過。老鼠米奇是讓迪士尼東

山再起的重要里程碑，本來的動畫都是默片，但是迪士尼開始用有聲電影的製作方式，讓米奇為他賺取了大量的財富。後來再度推出我們耳熟能詳的「白雪公主」，一部一部知名動畫不僅在美國熱銷，也風靡了全世界。

　　迪士尼不只拍出動畫，晚年的他開始想要將動畫裡面的世界成為真實，這就是我們後來的迪士尼樂園。西元1955年第一座「迪士尼樂園」在加州的阿納海姆開幕，但迪士尼繼續規畫後續在佛羅里達的「迪士尼世界」。

　　除此之外，也開始拍攝真人動畫《歡樂滿人間》。迪士尼也是得過最多奧斯卡金像獎的人，總共得過二十二座。然而，長期不眠不休地工作，還有吸菸的關係，讓他在 65 歲時罹患肺癌，最後不治過世。迪士尼後續的繼承人繼續完成他的夢想，讓全世界的小朋友心中都有迪士尼創造出來的幻想世界。

全世界的迪士尼樂園

	開幕日期	特色	主題樂園	票價
加州迪士尼樂園	西元 1955 年 7 月 17 日	第一家迪士尼樂園	迪士尼樂園 加州冒險樂園	票價隨淡旺季浮動變化，購票方式等請自行洽詢官網
奧蘭多迪士尼樂園	西元 1971 年 10 月 1 日	最大迪士尼樂園	神奇王國 Epcot 好萊塢夢工廠 動物王國 暴風灘 颱風湖	
東京迪士尼樂園	西元 1983 年 4 月 15 日	充滿日本元素	東京迪士尼樂園 東京迪士尼海洋	
巴黎迪士尼樂園	西元 1992 年 4 月 12 日	充滿歐洲元素	巴黎迪士尼樂園 華特迪士尼影城	
香港迪士尼樂園	西元 2005 年 9 月 12 日	最迷你迪士尼樂園	香港迪士尼樂園	
上海迪士尼樂園	西元 2016 年 6 月 16 日	充滿中國元素	上海迪士尼樂園	

Sho Sei Ken

張星賢

第一位參加奧運的台灣選手

profile

國籍➜日治時代的台灣
身分➜運動員
生日➜西元1910年10月2日
卒年➜西元1989年3月14日

奧林匹克運動會是全世界運動選手都想站上的舞台，各國的選手秉持著運動家精神，在競技場上一較高下，為國爭光。台灣第一位參加過奧運的選手是出生於西元 1910 年的張星賢。

台灣在西元 1895 年開始由日本人統治，本來不瞭解現代體育競賽的台灣人，在日本人引進教育制度後，逐漸開始習得體育技能。出生於台中的張星賢，從小就相當好動，但沒有接受到合適的體育訓練。中學時考上了台中商業學校，遇到很賞識他的教練，讓張星賢得以在田徑的訓練中不斷進步。

將近 20 歲時，當時參加過奧運田徑比賽的南部忠平到台灣指導田徑選手，讓張星賢十分嚮往參加奧運，便立志要登上世界的大舞台。高中畢業之後，很想到日本留學，但家境不好的他無法前往日本，幸好得到素昧平生的善心人士楊肇嘉的資助，得以前往日本早稻田大學圓夢。

> **我們運動選手在比賽時，已經是使出了全力，腦中深處想的總是如何以最佳的狀態，堂堂正正而戰。**

在日本求學期間，張星賢相當努力，不僅參加很多比賽都獲獎，學科成績也都維持一定水準。因此，他的下一步目標就是登上奧運大舞台。然而，由於是台灣出身的關係，當時受到無形的歧視。來自殖民地的台灣人受到日本人不公平的對待，張星賢能做的只有更努力，讓自己被看見。

西元 1932 年的洛杉磯奧運，張星賢終於能夠代表日本參加奧運，在全部二十七位男性參賽選手中，只有他來自台灣，來自家鄉的賀電讓他覺得溫暖。然而，他在這次的奧運中，於預賽時就落選，沒有得到名次。雖然沒有獲得獎牌，但回到日本後仍然持續訓練，培養自己的實力。

張星賢練習照。

　　張星賢在西元 1934 年從早稻田大學畢業的他，由於
當時的日本正積極發展在中國的勢力，在東北設有滿州
鐵道公司。張星賢報考後便順利前往滿州任職，雖然是
鐵道公司，但這家公司仍然對於體育運動相當重視，所
以張星賢得以持續訓練自己的體能。西元 1936 年在東京
舉辦奧林匹克日本參賽代表的決選，張星賢順利取得了
前往柏林奧運的門票。

柏林奧運日本隊的成績很好，但張星賢所參加的 1600 公尺接力中獲得分組第四名的成績，雖然仍沒辦法進入決賽、沒有得到獎牌，但張星賢的成績在當時已經相當優秀，而且成為第一個兩次出席奧運比賽的台灣人。日後張星賢在西元 1937 年結婚，婚後持續在滿州工作。

　　第二次世界大戰之後，台灣由國民政府統治，張星賢在台中師範學校任教。30 多歲的他仍然持續參加運動會，保持自己的體能，這對於田徑選手來說相當不容易。他還成立台灣省田徑協會，想要更有制度地培養田徑選手，讓他們能為台灣發光。後來台灣知名的運動選手陳英郎、楊傳廣、紀政……等都受過張星賢的照顧。張英賢後來享壽 78 歲，一生都奉獻給田徑運動。

台灣的第一面奧運獎牌

在過去，奧運盛事除了運動賽事外，約在西元 1912-1948 年間也曾經包括藝術競賽，項目分別是建築、文學、音樂、繪畫和雕塑等 5 個領域，除了嚴格規定必須是絕對原創外，也必須是與運動相關的題目。而台灣第一面奧運獎牌正是藝術競賽中的音樂項目。

來自台灣台北三芝地區的作曲家——江文也（原名江文彬）將自己的《來自南方島嶼的交響素描》的管弦樂作品中的〈城內之夜〉改寫完成《台灣舞曲》（Formosan Dance）。並於西元 1936 年的柏林奧運藝術競賽管弦樂「等外佳作」（認可獎），也是當時日本送出 5 部作品中，唯一入選的作品。江文也的作品極具東方特色，《來自南方島嶼的交響素描》除了〈城內之夜〉樂章外，還包括〈牧歌風前奏曲〉、〈白鷺的幻想〉、〈聽一個高山族所說的話〉等三個樂章。

香奈兒

嘉布麗葉兒·波納·香奈兒

時尚與永不褪流行的象徵

profile

國籍➡法蘭西共和國
　　（法國）
身分➡設計師
生日➡西元1883年8月19日
卒年➡西元1971年1月10日

香奈兒是當今世界的知名時尚品牌，每個喜歡服裝穿搭的人都視為品味的象徵。創造香奈兒品牌的就是可可‧香奈兒，西元 1883 年出生於法國的香奈兒，小時候家庭的狀況並不好，而她的父母親也並不是在婚姻狀況下生出香奈兒。

雖然在香奈兒出生後，父母親結婚了，並且生了兩個姊妹，但在香奈兒 12 歲時，母親就因為肺結核過世，父親不想帶著小孩，便將他們送到了孤兒院。在孤兒院中住了 6 年的香奈兒，學習了家政，而其中影響她一輩子最重要的技藝，就是裁縫。在院中的裁縫課沒有鮮豔的顏色，只有白色、米色和黑色，這些簡單的色彩影響了後來香奈兒服飾簡約大方的風格。

本名不是可可的香奈兒，從孤兒院離開之後，到穆蘭的阿姨家居住，在咖啡廳唱歌，很多軍隊的士兵會到咖啡廳用餐，香奈兒經常唱〈誰遇見可可〉這首歌，因而有了「可可（Coco）」的暱稱，而在這段期間她也獲得很多人的喜愛，並且讓她存了一些積蓄。

在咖啡廳演唱期間，香奈兒遇到有錢的巴爾山，在台下聽香奈兒唱歌的時候，他不但對香奈兒傾吐愛意，香奈兒後來更搬進了巴爾山的莊園。巴爾山教香奈兒騎馬的技術，由於騎馬需要穿著馬褲，這以往都是男人的穿著，香奈兒後來將馬褲俐落的風格加進了她的時裝。

有著事業心的香奈兒，不想要一輩子都在巴爾山的莊園中，後來他結識了年輕的夏普，兩人陷入愛河，但夏普不只一位情婦，所以他不在身邊的時候，香奈兒就一邊做帽子，打算發展自己的品牌。

夏普對於香奈兒的幫助很大，西元 1910 年時，香奈兒計畫開自己的帽裝店，取名為「Chanel Modes」，營業後獲得很多上流社會人士的注意，漸漸打開知名度。西元 1914 年第一次世界大戰爆發，香奈兒和很多法國上流社會的貴族都到比亞里茲避難。即使在避難期間，法國貴族也有時尚的需求，香奈兒趁機打進他們的社交生活，並且在當地創立自己的品牌，販賣高級的精品服飾。

66 我選擇我想要變成的樣子，
而我做到了。 **99**

站立在火爐前的香奈兒。

香奈兒在比亞里茲成功開創了自己的事業，第一次世界大戰結束的時候已經有了 300 位員工。因為戰爭的關係，香奈兒開始思考女裝不一定要是以往的蓬蓬裙，還有穿脫不便的禮服，她認為女裝可以簡單大方，而且適合工作場合。她為女人創造出簡便的長褲，還有香奈兒經典的四口袋短外套，成為戰後女性的新風潮。

　　由於生意越來越好，香奈兒開始思考品牌形象。他記得 13 歲那一年觀賞《茶花女》時，被女主角胸口前的山茶花所吸引，希望品牌純白且高雅，後來代表香奈兒的花朵就是山茶花。

　　除此之外，香奈兒不只解放了以往女裝的束縛，還創造了「第五號香水」，用不同花朵的香味蒸餾而成，她說：「不用香水的女人，沒有未來可言。」香奈兒在西元 1971 年過世，被《時代雜誌》選為 20 世紀影響力前一百大人物，她不僅創造了時尚的產業，並且為都會女性開創了新時尚風格與生活態度。

讓香奈兒品牌站穩現代時尚地位的推手

有「時尚大帝」及「時裝界的凱撒大帝」之稱，也就是大家熟知的已故香奈兒創意總監「老佛爺」卡爾‧拉格斐（Karl Lagerfeld，西元 1933 年 9 月 10 日－西元 2019 年 2 月 19 日），從 1983 年開始擔任這個職位直到去世為止。除此之外，他還是藝術家、攝影師

和芬迪以及自己同名品牌的設計師與創意總監。拉格斐對於全球的時尚、藝術界影響深遠，深具特色的白髮、黑色太陽鏡、無指手套以及可拆卸衣領都是他造型標準配備。

西元 1971 年香奈兒逝世後，有 10 年的時間幾乎沒有特別的作品，甚至被視為將被全球時尚界淘汰，然而西元 1983 年，拉格斐獲聘香奈兒品牌設計師，透過改造成衣時裝系列，獲得前所未有的反響，也成功讓品牌復活。甚至把香奈兒的 CC 互鎖的標誌重新整合，讓大家更記住了這個時尚界最具代表性的品牌標誌。

Kurosawa A

黑澤明
讓全世界看到日本電影的導演

profile

國籍➔日本國
身分➔導演
生日➔西元1910年3月23日
卒年➔西元1998年9月6日

ira

電 影在 20 世紀逐漸被大家認可為藝術的一種形式，和文學、繪畫一樣，除了有娛樂價值，也有藝術高度。本來由西方人所主導的電影藝術，後來也有很多亞洲人投入，並且將亞洲電影帶進世界，黑澤明就是這樣的導演。

出生在西元 1910 年一個有很多子女家庭的黑澤明，在家中排行第七，父親是職業軍官。小時候的黑澤明在功課上的表現並不好，但在繪畫和文學上卻相當出色。過去電影剛開始出現的時候是黑白的，而且沒有聲音，只有影像。黑澤明的二哥在電影院擔任影評人，也是黑澤明得以認識電影的契機。

喜歡影像、藝術和繪畫，黑澤明在 20 出頭的時候選擇進入電影公司工作。一開始從基層做起，後來擔任編劇、副導演。西元 1943 年拍了第一部電影「姿三四郎」。同一年也和女演員結婚，並且生下長子。

黑澤明曾歷經過日本最黑暗的時期。西元 1923 年關東大地震時，看到大量屍體，還有整個城市的毀壞；第

黑澤明。

> 只要你放棄就會前功盡棄，
> 因為放棄過一次就會養成習慣，
> 遇到困難就會馬上放棄。

二次世界大戰期間看到戰爭的殘酷，他敏感的心靈受到時代的啟發，因此他的電影也呈現了滿滿時代的氛圍。早期電影「野良犬」表現出戰後日本破敗的景象，呈現出當時的人心，似乎就像野狗一樣找不到方向。

讓國際社會看到黑澤明的「羅生門」，是由一部文學作品改編的電影，裡面講述了一則故事，但由不同的人來說的時候，都呈現了不同的版本，究竟哪一個是真實的呢？這部電影討論了我們與真實的距離，還有對於一件事情會有不同的看法。

由於電影展現出文學性，並且討論人性的深層內在，還有日本戰後的人心，讓黑澤明的電影具有相當的藝術

高度。即使說日本傳統的武士故事，也能有不同的說法，像是「七武士」這部電影。武士應該表現出忠義的情操，但在時代的變化中，七個武士要殉道，但在實質上已經沒有任何意義，相信的事情已經崩壞，時代已經改變了。

除了傳統日本歷史和文學的題材，黑澤明透過電影對於戰後日本社會的剖析也相當深刻。在「生之慾」這部電影中，說了一個即將退休公務人員的故事，平常對於事情推諉塞責，過著沒有意義的人生。但等到他發現自己罹患絕症，才思考自己真的想要做的事情。

黑澤明作品「影武者」劇照。

西元 1980 年黑澤明的電影「影武者」得到了坎城影展的最高榮譽金棕櫚獎，說了一個即將死亡的武士，希望部下隱瞞死訊，找來了替身作為自己的「影子」武士。黑澤明的電影在西方獲得了高度的重視，後來更獲得了奧斯卡的終身成就獎，是第一個亞洲人得到如此殊榮。

有趣的是，黑澤明的電影在日本的票房很普通，有些甚至不賣座。然而，在歐洲和美洲他都獲得高度的重視，或許黑澤明雖然用日本的素材說故事，但說的是人類能夠普遍共鳴的議題，才能獲得如此成就吧。

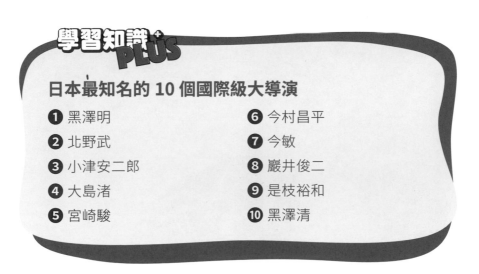

日本最知名的 10 個國際級大導演

❶ 黑澤明　　　　　❻ 今村昌平

❷ 北野武　　　　　❼ 今敏

❸ 小津安二郎　　　❽ 巖井俊二

❹ 大島渚　　　　　❾ 是枝裕和

❺ 宮崎駿　　　　　❿ 黑澤清

Lee Ang

李安

當代最偉大的台灣電影大師

profile

國籍➡台灣
身分➡導演
生日➡西元1954年10月23日

美國好萊塢是世界電影的重鎮，也是全球導演都想登上的大舞台。然而，在競爭激烈的影壇中，能在好萊塢發展最好的台灣導演就是李安。西元 1954 年出生於屏東縣潮州的李安，家中有四個兄弟姊妹，他排行第三。

李安的家庭十分注重教育，父親曾經擔任很多所中小學的校長，李安年幼時隨著父親的工作，搬到花蓮，後來父親在台南一中擔任校長，李安在高中時也進入台南一中讀書。然而，李安本人對於讀書沒有興趣，反而鍾情於電影藝術，想要當導演，大學聯考還落榜兩次，經常將時間花在看電影上面。

西元 1973 年，李安進入了台灣藝術專科學校影劇科讀書，在學期間相當活躍，自導自演了很多齣戲。大學時，李安有機會看到很多電影大師的作品，像是「處女之泉」、「單車失竊記」和「畢業生」，大大開拓了自己的眼界。

在台灣讀完書後，李安想到美國進修電影，先後在

世界上唯一扛得住歲月摧殘的就是才華。

伊利諾大學和紐約大學完成戲劇和電影的學位，在紐約大學的畢業作品獲得了學校的最佳導演獎和最佳影片，可以看出他的才華。

雖然前途一片看好，但畢業後留在美國的李安並沒有工作上門，當時的他在家帶小孩煮飯，陪伴還在讀博士的妻子，同時也進行劇本的創作，尋找可能拍電影的片商。李安後來在行政院新聞局的比賽中獲得優良電視劇本首獎和二獎的肯定，引起了中央電影公司副總經理的關注，並且邀請李安拍攝他的第一部電影「推手」。

「推手」出品時獲得金馬獎最佳男主角獎和亞太影展的最佳影片，李安再接再厲，在西元 1993 年推出「囍宴」，獲得國際上極為重要的柏林電影獎金熊獎，也同

李安出任第60屆金馬獎評審團主席照片（圖片來源：金馬執委會）

李安執導的「斷背山」。

時獲得金馬獎的最佳影片和導演獎，更驚人的是獲得金球獎和奧斯卡最佳外語片的提名。

　　李安的電影中，看得出華裔美國人與美國文化間的交流和衝突，而且講述傳統與現代文化的矛盾和溝通。另一方面，在世界影壇上李安也逐漸獲得注意，西元1995年更跨出台灣，與英國演員合作「理性與感性」，

李安執導「色，戒」中，右為男主角梁朝偉。

而且第二次獲得金熊獎，並且在奧斯卡獲得七項提名。

　　踏入國際影壇後，李安開始詮釋更加多元的主題，像是中國武俠電影「臥虎藏龍」，還有講述同性感情關係與社會衝突間的「斷背山」，這是西元 2005 年得到最多獎項和讚美的電影，獲得了奧斯卡最佳導演獎，這是第一個獲得這項獎項的台灣人。李安得到如此多的獎

項，仍然持續創作不輟，像是「色，戒」、「少年 Pi 的奇幻漂流」……等。

除了豐富且精采的電影外，李安也十分支持台灣的電影文化，擔任金馬影展執行委員會的主席，也盡量把台灣電影推到世界的舞台上。在西元 2021 年李安獲得英國電影學院的終身成就獎，堪稱是台灣最偉大的電影大師。

李安的電影作品

西元 1991 年	「推手」
西元 1993 年	「囍宴」
西元 1994 年	「飲食男女」
西元 1995 年	「理性與感性」
西元 1997 年	「冰風暴」
西元 1999 年	「與魔鬼共騎」
西元 2000 年	「臥虎藏龍」
西元 2003 年	「綠巨人浩克」
西元 2005 年	「斷背山」
西元 2007 年	「色，戒」
西元 2009 年	「胡士托風波」
西元 2012 年	「少年 Pi 的奇幻漂流」
西元 2016 年	「比利‧林恩的中場戰事」
西元 2019 年	「雙子殺手」
未定	「Bruce Lee」

Bong Joon H

奉俊昊

將韓國電影宣揚至全世界的導演

profile

國籍➡大韓民國（韓國）

身分➡導演

生日➡西元1969年9月14日

每年美國的《時代雜誌》會選出「世界最有影響力的一百位人士」，跨越政治、經濟、文化和藝術等各界的菁英，這也成為全世界媒體的焦點。西元 2020 年的一百位人士中台灣的蔡英文總統和長期推動同志運動的祁家威都入選，讓世界看得到台灣。

而在亞洲，還有來自韓國的導演奉俊昊獲選。在當年奧斯卡金像獎的頒獎典禮上，他所執導的「寄生上流」獲得了最佳導演、最佳影片、最佳原創劇本和最佳國際影片四項大獎。奧斯卡一向都是美國電影為主要戰場，這是第一次獲得最佳影片獎的外語片，奉俊昊成為第一位獲得奧斯卡最佳導演的韓國人。

在獲得奧斯卡金像獎之前，奉俊昊在國際影展早就已經獲獎無數，而出生在韓國大邱的他，是家裡四個孩子中的老么。奉俊昊的爸爸是大學美術系教授，同時也指導並從事工業設計，讓奉俊昊從小受到圖像和藝術的滋養。

奉俊昊照。

　　奉俊昊從 5 歲就開始畫漫畫，並且嘗試用圖像說故事，14 歲時，就已經立志要成為導演。在進入電影的專業課程時，奉俊昊關心社會發展，先進入延世大學的社會學系就讀。當時的韓國大學生，對於政府和企業有很多不滿，爆發大量社會運動，當時的奉俊昊也加入抗議的行列。

　　西元 1995 年大學畢業後，奉俊昊開始進入韓國電影

> **當你克服了看字幕，你會發掘到更多精采絕倫的電影。**

藝術學院就讀專業的電影課程，2 年之後畢業。在電影學院的畢業作，已經可以看到他的才華，當時受邀到香港電影節和溫哥華電影節。

透過電影表達對於社會的觀察，是奉俊昊電影很重要的主題，西元 2000 年完成第一部電影的處女座「綁架門口狗」就以黑色幽默的手法，刻劃小人生物生活的無奈。每隔 3、4 年，奉俊昊就會拍出一部好作品，後來企圖心更大，開始進行國際合作。

西元 2013 年的電影「末日列車」奉俊昊首次執導英語片。內容講述由於氣候變化的關係，所有人類都已經滅亡，倖存的人類在一列沒有終點的列車上。列車按照車廂劃分成很多社會階級，最底層的階級受夠了虐待，

開始為了自己的權益反抗。

　　而奉俊昊西元 2017 年所拍攝的「玉子」將視角放在人與動物間的友情，並且加入基因改造的議題。14 歲的美子雙親早逝，和 4 歲開始陪伴她的超級豬「玉子」有著深厚的感情。只是玉子是由一家基改食物公司，透過殘忍的配種實驗所創造的豬。電影以奇幻的手法，剖析當代社會問題，讓觀眾可以深刻反省相關議題，這部片也獲得坎城影展多項大獎。

　　獲得奧斯卡金像獎的「寄生上流」在商業票房和藝術性都成為奉俊昊拍攝電影的巔峰，主題透過貧窮小人物進入有錢人家庭做家教的故事，描寫韓國社會貧富差距的問題。有著社會學訓練的奉俊昊認為所有的藝術都要從生活當中尋找，並且指出社會的問題與人性的炎涼。偉大的導演都能拍出令人回味再三，並且反省我們時代議題的作品，奉俊昊就是這樣的導演。

奉俊昊的獲獎紀錄

・西元 2006 年 MBC 大韓民國電影大獎，最佳導演獎

・第 11 屆釜山國際電影節，特別導演獎

・第 5 屆大韓民國電影大賞，最佳導演賞

・第 27 屆（2007 年）波爾圖國際電影節，最佳導演獎

・西元 2019 年法國坎城影展，金棕櫚獎

・第 77 屆金球獎，最佳外語片

・第 73 屆英國電影學院獎，最佳原創劇本、最佳外語片

・第 92 屆奧斯卡金像獎，最佳影片、最佳導演、最佳原創
　劇本、最佳國際影片等四項大獎

Joanne Row
J·K·羅琳

喬安娜·羅琳

走過貧窮成就自我的單親媽媽

profile

國籍➜大不列顛暨北愛爾蘭
　　　聯合王國（英國）
身分➜作家
生日➜西元1965年7月31日

現 在越來越少人讀紙本書，很少人可以因為當作家，創作故事而獲得巨大的財富。但是，閱讀引人入勝的故事是人類的天性，希望在現實外製造出另外一個世界，當今世界最有錢的作家——J‧K‧羅琳就是一個善於說故事和創造異想世界的作者。

J‧K‧羅琳出生於英格蘭格洛斯特郡，父親是工程師，母親是科學技術員，她還有一個妹妹。小時候的J‧K‧羅琳喜歡閱讀故事，還會編故事給妹妹聽。進入青春期階段，由於家庭的關係，她過得並不開心。

大學本來預計進入牛津大學讀書的她，卻意外地沒有被錄取，轉而到艾希特大學攻讀法語和古典文學。除了讀書以外，對於音樂也很感興趣的她，曾到巴黎交換一年。從大學畢業後，會到國際特赦組織擔任研究員和祕書。

J‧K‧羅琳後來和男朋友搬到曼徹斯特，由於火車誤點，在火車上她突然有了靈感，想到一個小男孩進入

巫師學校的故事。後來知名的《哈利波特》故事的大綱和基本內容在腦袋中逐漸浮現，她開始撰寫《神祕的魔法石》。

日後，她輾轉到葡萄牙的波爾圖教英文，利用晚上的時間寫作。有一次在酒吧遇到新聞記者阿蘭帝斯，兩人因為喜歡珍‧奧斯丁的作品而開啟話題，兩人結婚的時候已經懷有了孩子。

然而，Ｊ‧Ｋ‧羅琳的婚姻只維持了 1 年多就以離婚收場，回到了英國。快要 30 歲的她十分沮喪，當時沒有工作、離婚，還帶著一個剛出生的孩子，但 Ｊ‧Ｋ‧羅琳

失敗，代表了我可以摒除不必要的事物，不再自我欺騙、忠於自我，投注所有心力完成唯一重要的工作。

J・K・羅琳手拿《哈利波特》於西元 2004 年愛丁堡圖書節。

覺得這樣的失敗反而讓她下定決心要完成《哈利波特》，帶著一台老舊的打字機，將腦海中已經構思好的小說寫出來。

在寫作的過程，J‧K‧羅琳時常有低潮的時候，但她把這樣的情緒投射在《哈利波特》中的催狂魔，會吸掉人類正面情緒的怪物。西元 1995 年，她完成了《哈利波特：神祕的魔法石》初稿，但問了很多家出版社都被拒絕。後來有一家出版社的編輯帶回家看後，他 8 歲的

英國一位名為「哈利波特」的男子拍賣自己收藏 25 年的首版《哈利波特與魔法石》。

女兒讀完了，很想要繼續讀下去，而這讓她獲得了出版合約。

出版社不知道《哈利波特》會大紅，一開始只印了1000本，但後來大賣，而且賣出了幾十個國家的版權，還獲得了很多兒童文學的大獎。接著羅琳持續出版《消失的密室》、《阿茲卡班的逃犯》、《火盃的考驗》、《鳳凰會的密令》、《混血王子的背叛》和《死神的聖物》。

《哈利波特》的小說讓 J‧K‧羅琳成為全世界最暢銷的作家，還改拍成電影，小說中的角色成為每個小孩都熟知的人物，引起了全世界的注意。西元2013年，J‧K‧羅琳還成為英國第十三位最有影響力的人物。

從單親媽媽轉變成最暢銷的作家，J‧K‧羅琳沒有忘記以往的困頓，所以在成名和擁有財富之後，她也投身公益，幫助弱勢的單親家庭和患有罕見疾病的人，希望能夠幫助更多人找到自己人生的路。

J‧K‧羅琳作品集

童書

《伊卡伯格》（西元 2020 年 11 月 10 日）

《聖誕小豬》（西元 2021 年 10 月 12 日）

青少年書籍

《哈利波特－神祕的魔法石》（西元 1997 年 6 月 26 日）

《哈利波特－消失的密室》（西元 1998 年 7 月 2 日）

《哈利波特－阿茲卡班的逃犯》（西元 1999 年 7 月 8 日）

《哈利波特－火盃的考驗》（西元 2000 年 7 月 8 日）

《哈利波特－鳳凰會的密令》（西元 2003 年 6 月 21 日）

《哈利波特－混血王子的背叛》（西元 2005 年 7 月 16 日）

《哈利波特－死神的聖物》（西元 2007 年 7 月 21 日）

《怪獸與牠們的產地》（西元 2001 年 3 月 1 日）

《穿越歷史的魁地奇》（西元 2001 年 3 月 1 日）

《吟遊詩人皮陀故事集》（西元 2008 年 12 月 4 日）

《哈利波特:被詛咒的孩子》故事構想（西元 2016 年 7 月 31 日）

《怪獸與牠們的產地》電影劇本（西元 2016 年 11 月 18 日）

《怪獸與葛林戴華德的罪行》電影劇本（西元 2018 年 11 月 16 日）

《怪獸與鄧不利多的祕密》電影劇本（西元 2022 年 4 月 15 日）

《哈利波特前傳》（西元 2008 年 7 月）

《北美魔法史》電子書（西元 2016 年 3 月 8 日至 11 日）

《霍格華茲不完全不靠譜指南》電子書（西元 2016 年 9 月 6 日）

《霍格華茲的權力、政治與搗蛋鬼的短篇故事》電子書（西元 2016 年 9 月 6 日）

《霍格華茲關於勇氣、苦難、危險嗜好的短篇故事》（西元 2016 年 9 月 6 日）

成人書籍

《臨時空缺》（西元 2012 年 12 月 27 日）

《杜鵑的呼喚》（西元 2013 年 4 月 18 日）

《抽絲剝繭》（西元 2014 年 6 月 19 日）

《邪惡事業》（西元 2015 年 10 月 20 日）

《致命之白》（西元 2018 年 9 月 18 日）

《Troubled Blood》（西元 2020 年 9 月 15 日）

《The Ink Black Heart》（西元 2022 年 8 月 30 日）

菲爾普斯

麥克·佛瑞德·
菲爾普斯二世

從過動兒到最偉大的奧運選手

profile

國籍➡美利堅合眾國
　　（美國）
身分➡運動員
生日➡西元1985年6月30日

Phelps II

林匹克運動會是所有運動員夢想的殿堂，能夠參賽的選手除了是那個領域的佼佼者，如果能獲取獎牌，那就更是達到了運動員生涯的頂端。目前在奧運史上獲得最多金牌的運動員是美國籍的麥克·佛瑞德·菲爾普斯二世。

菲爾普斯的父親擔任過警察，母親是中學校長，他還有兩個姊姊。他在剛出生時的體重就重達 4000 多公克，身高也異於常人。小學的時候菲爾普斯十分好動，根本無法好好坐著專心上課，讓老師非常頭疼。菲爾普斯的媽媽十分擔心，帶他去看心理醫師，發現菲爾普斯患有「注意力不足過動症」，我們一般人說這是過動兒，於是醫生要求菲爾普斯服藥。

然而，因為跟著兩個姊姊去游泳，發現了自己的長處。在教室沒有辦法好好專心的菲爾普斯，卻能專注於游泳的訓練上。而且菲爾普斯的教練發現他有著修長的上半身，還有一雙大手，覺得在天生的體質上就具備了游泳的長處。

我想測試自己的極限，
看我自己能做到多少。

　　但菲爾普斯還有情緒上的障礙，剛好父母又在辦理離婚，讓他的壓力很大。教練波曼送了一本書給菲爾普斯的母親，教他幫助菲爾普斯放鬆心情。不管是作為一個選手或是一個保持情緒健康的人，習慣都很重要。

　　本來菲爾普斯還要吃藥解決過動症的問題，但當他找到了游泳，而且開始設定了游泳的目標，透過習慣、意志力和強健的心理狀態，就能往目標前進。12歲的時候，菲爾普斯設下的目標是：「要獲得奧運的金牌。」但他還覺得不大可能，改了一下目標：「我要參加奧運。」

　　15歲的時候菲爾普斯就拿到了奧運的門票，是當時最年輕的運動員。第一次參加奧運沒有獲獎，但菲爾普斯每天仍然勤奮練習，毫不鬆懈。在西元2004年第二次

西元 2008 年北京奧運時比賽中的菲爾普斯。

參加奧運的時候，他獲得六面金牌，而且刷新了游泳比賽的世界紀錄，成為世界矚目的焦點。

西元 2008 年的北京奧運會，菲爾普斯參加了游泳比賽的八個項目，每一項都獲得金牌，而且七項破了世界紀錄，又再度成為傳奇。然而，已經是世界第一的菲爾

蝶泳中的菲爾普斯。

普斯，沒有為這樣的紀錄感到自滿，而是繼續為下次的比賽努力。

　　西元 2012 年的倫敦奧運，菲爾普斯獲得了四面金牌。由於游泳這項運動，需要很強大的體能，要在年輕的時候才能參加。菲爾普斯參加完倫敦奧運會之後宣布退出，但 2 年之後，不服輸的他決定復出。後來又參加了西元 2016 年的里約奧運，又再度獲得了五面金牌，總共累積了二十三面的奧運金牌，破了奧運史上的紀錄，成為史上最偉大的奧運選手。

　　從一個被小學老師說完全無法專心的孩子到全世界最偉大的游泳選手，菲爾普斯不服輸，找到人生的目標，鍛鍊自己的意志力。而且在得到金牌之後，還想超越自己，完成更多的不可能。

關於注意力不足過動症

注意力不足過動症（Attention Deficit Hyperactivity Disorder，ADHD）是一種腦部發展異常造成的神經生理疾病，俗稱「過動兒」。多半發生在兒童及青少年身上，表現上多半是「不專心、過動及愛搞破壞」，所以常會產生人際關係、學業與工作表現的困擾。拜醫療進步及病識感提升之賜，大部分患者較容易在學齡期間被觀察出 ADHD 的傾向，從而確診、接受治療。

主要表現有三大特徵：與同齡者相比之下，注意力不易集中；高活動量、躁動；行為衝動。注意力不足過動症需要根據《心理疾病診斷統計手冊》（DSM-5）的標準，考量患者是否符合下列 ADHD 症狀才能夠確診：

· 12 歲前發病（學齡期過動兒症狀會比較明顯，但並非表示成人就不會罹患 ADHD）。

· 在二個（含）以上的不同場所發生（例如：學校、家裡、工作場所）。

· 症狀已明確造成社會、課業、職業功能上的損害。

· 非因其他生理疾患、精神疾病所引起，例如：憂鬱症、躁鬱症等等與正常人的腦部發展程度不相符。

· 至少符合「注意力不集中」或是「衝動、過動」症狀中的 6 項，並持續六個月以上（17 歲以上成人則至少需符合 5 項）。

注意力不集中症狀

· 經常無法注意細節，或在做事情時，易粗心犯錯。

· 難以對事情維持注意力。

· 與其對話時，常好像左耳進右耳出。

· 難以完成所指派的任務，如功課、家事或工作內容。

· 缺乏條理、難以規劃自己的工作與活動。

· 經常逃避、不喜歡從事要持續花費心力的工作。

· 經常丟失日常所需的東西。

· 容易分心（不論是外在刺激或內心的新想法）。

· 日常生活中常忘東忘西。

衝動、過動症狀

· 經常扭來扭去、坐立難安。

· 經常在不合適的時機離開位子。

· 經常不分場合奔跑或攀爬（表現在成人身上是坐不住）。

· 無法進行安靜、休閒的活動。

· 經常處於活躍狀態，好像隨時都想動。

· 說話頻率很高、愛說話。

· 經常在問題還沒講完時，就脫口搶先說答案。

· 難以輪流等待。

· 經常打斷他人正在進行的活動，例如：遊戲、對話。

Diébédo Fra

凱雷

迪埃貝多・佛朗西斯・凱雷

透過建築改變家鄉的建築家

profile

國籍➡布吉納法索
身分➡建築師
生日➡西元1965年4月10日

諾貝爾文學獎是文學界的最高榮譽，而建築界的最高獎項就是普立茲克建築獎。以往獲獎的大部分都是歐美的建築師，亞洲只有日本人得過。西元 2022 年，普立茲克建築獎首次頒給非洲的建築師迪埃貝多‧佛朗西斯‧凱雷。

出生在西非布吉納法索的凱雷是當地酋長的兒子，從小其他村民沒有辦法接受教育，只有他才可以到 20 公里外的城市滕科多戈上小學。帶著鄉里的祝福，每次回家的時候，村子裡面的長輩就會把僅存的錢給他，讓他十分感動。

凱雷記得 9 歲的時候，發現生活困難無以為繼，但所有小孩會聚在祖母的身旁聽故事，在村子裡面的公共空間，還是感受得到很大的溫暖。於是凱雷努力讀書，獲得獎學金可以攻讀中學和大學，前往柏林工業大學學習建築。

到德國的凱雷仍然心繫家鄉，在就學期間就開始募

"不因貧窮而平庸"

款籌措甘多小學，他知道只有透過教育，才能改善家鄉的情況。凱雷畢業後在德國成立建築師事務所，還成立基金會，改善家鄉貧困的狀況。

　　甘多小學是凱雷從事建築師的初心，後來維持一貫的態度持續創作。以往我們都以為譁眾取寵的建築，要壯觀、典雅和大氣才能得到建築獎，但凱雷的作品外觀樸素，而且透過泥土，讓陽光和微風可以吹進來。

　　凱雷運用紅土石作為牆壁的材料，主因是非洲相當炎熱，紅土有隔熱的效果。在屋頂的部分設置通風設備，強調室內溫度的調節。學校一定要有合適的溫度，才能讓孩子就學的環境宜人。

　　由於布吉納法索的資源相當缺乏，凱雷不想從其他

凱雷與他的作品照。

地方運送材料過來，利用當地的建材，而且不引進大規
模的企業，而是讓當居民共同建設。在建造學校的過程，
同時凝聚社區的共識，並且讓村民得到訓練。

透過傳統的建築材料，居民共同建築，凱雷希望在
建設的過程，也能讓甘多居民生活得更好。甘多小學的
學生越來越多，從本來 100 多人後來到了 700 多人，還

蓋了教職員的宿舍和圖書館，讓更多孩子的教育資源得到保障。

建築的過程，村民依靠著非洲鼓的節奏，跟著旋律踩踏著地面，讓地基更加緊實。當地的婦人和小孩都加入，一邊感受著音樂的節奏，一邊建設，讓工作不再只是無聊的差事。

凱雷得過很多建築大獎，吸引了很多非洲國家的支持，從貝寧、馬利、多哥、肯亞……等地，除了蓋學校，也建設醫療機構。凱雷強調永續，結合地方的資源，並且有強烈的人道關懷，尊重地方的傳統，但同時也運用了新設計方式，透過建築，改變一個村莊的命運，而且讓孩子的未來有希望。

普立茲克建築獎

普立茲克建築獎（Pritzker Architecture Prize）每年由凱悅基金會頒發，有「建築界諾貝爾獎」的稱譽。是為了表揚建築師「建築作品展現了天賦、遠見與奉獻等特質的交融，並透過建築藝術，對人道與建築環境延續且意義重大貢獻」，於西元 1979 年由傑・普立茲克和他的妻子所設立，並由普立茲克家族資助，被公認是全球最主要的建築獎項之一。

台南市美術館二號館外景。此建築由普立茲克建築獎得主石昭永設計。

改變世界

藝文人物篇

25 個影響歷史文明的名人大事

作　　者　胡川安
主　　編　王衣卉
文字校對　胡川安、王衣卉、陳怡璇
行銷主任　王綾翊
全書設計　evian
內頁插畫　張容容
內頁照片　達志影像

總 編 輯　梁芳春
董 事 長　趙政岷
出 版 者　時報文化出版企業股份有限公司
　　　　　108019 臺北市和平西路 3 段 240 號

發行專線　（02）2306-6842
讀者服務專線　0800-231-705・（02）2304-7103
讀者服務傳真　（02）2304-6858
郵撥　19344724　時報文化出版公司
信箱　10899 臺北華江橋郵局第 99 信箱
時報悅讀網　http://www.readingtimes.com.tw
電子郵件信箱　yoho@readingtimes.com.tw
法律顧問　理律法律事務所 陳長文律師、李念祖律師
印刷　勁達印刷有限公司

初版一刷　2023 年 10 月 13 日
定價　新臺幣 450 元

改變世界：25個影響歷史文明的名人大事. 藝文人
物篇/胡川安著. -- 初版. -- 臺北市：時報文化出版
企業股份有限公司, 2023.10
176面；17×23公分
ISBN 978-626-353-274-8(平裝)

1.CST: 世界傳記 2.CST: 通俗作品

781　　　　　　　　　　　　111020347

ISBN 978-626-353-274-8
Printed in Taiwan